Cucina e Fumetti
A cura di Carlo Chendi

D1490330

To Doug
&
Carolyn

Wonderful couple!

Kisses

Tous

22/9/03

 Le Mani **Comics**

Desidero ringraziare l'amico Carlo Chendi (qui sopra in una caricatura di Giorgio Cavazzano), autore di fumetti con l'hobby della cucina, per avermi assistito nella scelta dei disegni e delle ricette; e nella cura e impaginazione di questo volumetto.

Je désire remercier mon ami Carlo Chendi (ci-dessus caricaturé par Giorgio Cavazzano), auteur de bandes dessinées dont la passion est la cuisine, de m'avoir conseillé dans le choix des dessins et des recettes, et pour le soin apporté à la mise en page de ce petit volume.

I would like to thank my friend Carlo Chendi (above in a Giorgio Cavazzano caricature), cartoonist whose hobby is cooking, for the help he has given me in choosing drawings and recipes and for the design and lay-out work in preparing this booklet.

FAUSTO ONETO

OGNI VOLTA CHE CUCINO...

CHAQUE FOIS QUE JE CUISINE...

WHENEVER I COOK...

DEDICATO A

DEDIÉ À

DEDICATED TO

A tutti i miei clienti e a tutti i miei amici.

Ma, in particolare, a tutti quei cartoonists che mi hanno donato i disegni che appaiono in questo libro — solo alcuni dei tanti che decorano le pareti di U Giancu — che continuano a nutrire il mio spirito con tutte le loro meravigliose storie a fumetti.

A tous mes amis et à tous mes clients.

Mais, en particulier, à tous ces cartoonists qui m'ont donné les dessins qui illustrent ce livre — quelques uns seulement parmi tous ceux qui décorent les murs de U Giancu — en esperant qu'ils continueront à nourrir mon esprit avec leurs merveilleuses histoires en bandes dessinées.

To all my customers and to all my friends.

But, in particular, to all those cartoonists who gave me the drawings that appear in this book — only a few of the many that decorate the walls of *U Giancu* — with the wish that they will go on inspiring me with their marvellous comics.

ヤ ジャン7

世界の
漫画の集い:
カンパイ…!!

12.3.'94

© Monkey Punch - Art by KAZUHIKO KATOH

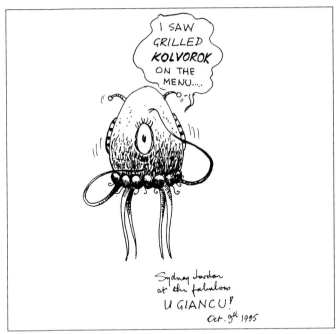

I SAW
GRILLED
KOLVOROK
ON THE
MENU....

Sydney Jordan
at the fabulous
U GIANCU!
Oct. 9th 1995

© S. Jordan - Art by SYDNEY JORDAN

Tutto è cominciato con le riunioni conviviali dei cartoonists in appendice alle genovesi "3 Giornate del Fumetto" e alla "Mostra Internazionale dei Cartoonists" di Rapallo. Luciano Bottaro, Carlo Chendi e Giorgio Rebuffi frequentavano da tempo, insieme o separatamente con le famiglie, il ristorante U Giancu: li conoscevo perchè apprezzavano la cucina ligure e amavano mangiar bene e bere ancora meglio, ma non sapevo fossero autori di fumetti. Questi tre grossi cartoonists di fama internazionale, come ho scoperto più tardi, quando si è trattato di "portar fuori a mangiare" i loro colleghi italiani, americani inglesi e francesi che partecipavano alle manifestazioni fumettistiche di Genova e Rapallo, hanno scelto U Giancu. I cartoonists a tavola, tra una portata e l'altra e alla fine del pasto, finiscono col parlare anche con carta e penna. E così ho scoperto che gli autori di tanti fumetti che avevo letto da bambino o continuavo a leggere da adulto, proprio loro in persona, erano nostri clienti. Con comprensibile emozione ho spiegato che ero un loro lettore e un loro ammiratore... E ho finito col chiedere dei disegni con dedica. Volevo che tutti sapessero che U Giancu aveva per clienti tanti famosi disegnatori, così ho cominciato ad incorniciarli e ad appenderli alle pareti del ristorante. Molto probabilmen-

Tout a commencé par les banquets des cartoonists lors des "3 jours de la B.D." à Gènes et lors des "Expositions Internationales des Cartoonists" à Rapallo. Luciano Bottaro, Carlo Chendi et Giorgio Rebuffi fréquentaient depuis longtemps, ensemble ou en famille, le restaurant "U Giancu". Je les connaissais parce qu'ils appréciaient la cuisine Ligure et parce qu'ils aimaient bien manger et, plus encore, bien boire, mais je ne savais pas qu'ils étaient auteurs de B.D. J'ai découvert plus tard que ces trois grands cartoonists de renommée internationale, quand il s'agissait d'emmener manger leurs collègues américains, anglais ou français qui participaient aux manifestations de B.D. de Gènes et Rapallo, choisissaient "U Giancu". Entre un plat et l'autre, puis à la fin du repas, ces cartoonists finissaient par parler par dessins et par blagues. C'est ainsi que j'ai découvert les auteurs des comics que j'avais lu enfant et que je continuais à lire adulte; c'étaient eux en personne et ils étaient nos clients. Avec une compréhensible émotion, je leur expliquais que je faisais parti de leurs lecteurs et de leurs admirateurs... Et j'ai fini par leur demander des dessins dédicacés. Je voulais que tous sachent que "U Giancu" avait comme clients tant de

It all began when the cartoonists, after the Genoese "Three Days of Comics" and the "International Exhibition of Cartoonists" in Rapallo, got together socially. Luciano Bottaro, Carlo Chendi and Giorgio Rebuffi had already for some time either on their own or with their families been coming to the restaurant U Giancu. I got to know them because they appreciated Ligurian cooking and they liked to eat and, what is more, drink well, but I didn't know they were cartoonists. These three well-known cartoonists of international fame, as I found out later, when they had to entertain their Italian, American, English and French colleagues who had been taking part in the exhibitions in Genoa and Rapallo, took them to U Giancu. The cartoonists, at the restaurant table, between courses and at the end of the meal ended up communicating with pen and paper. And so I discovered that the artists of so many of the comics that I had enjoyed as a child and had continued reading when grown-up were there in person, and were our customers. With understandable emotion I told them that I was a regular reader and admirer... and I ended up asking for signed drawings. I wanted everybody to know that U Giancu counted these famous artists among his

te da noi i cartoonists si trovavano bene perchè, ad ogni viaggio che facevano in Riviera e ad ogni manifestazione fumettistica a Genova o a Rapallo, tornavano. Con molti di loro sono poi diventato amico e ho scoperto che tra noi c'erano delle affinità: io amavo i fumetti e mi dedicavo alla cucina da professionista, loro facevano fumetti da professionisti e avevano l'hobby della cucina. È capitato così che da loro abbia imparato a cucinare qualche piatto diverso, magari fantasioso; qualche volta sono stato io a spiegare a loro come preparare qualche specialità ligure. Su un punto ci siamo sempre trovati d'accordo: sia per fare fumetti che per cucinare occorre fantasia, inventiva, passione. Io ritengo che le ricette non siano delle formule chimiche immutabili: tanto di questo, tanto di quest'altro ed il piatto è fatto. Nella preparazione di molti cibi occorre fantasia e inventiva: aggiungere un po' di questo, togliere un po' di quest'altro a seconda della qualità degli ingredienti che si usano, della stagione e persino del tempo. Probabilmente c'è anche un istinto che guida la mano del cuoco: ho sperimentato che nello stesso momento, con gli stessi ingredienti, nella preparazione di uno stesso piatto due persone diverse fanno piatti simili ma non uguali. Cosa rende più saporito l'uno e meno l'altro? Forse l'intensità del fuoco, forse il ritardo o l'anticipo nell'aggiungere certi ingredienti, qualche grammo in più o in meno di sale o, perchè no, un talento innato nel manipolare tutti quei sapori che la natura ci mette a disposizione?

Nelle ricette che ho scelto per questo libretto tutto questo non c'è, sono tuttavia convinto che molti amici cartoonists, con la loro fantasia, riusciranno a trasformare queste formule in piatti deliziosi. L'unica cosa che spero rimanga come sottofondo è il sapore della Liguria o, per gli stranieri, dell'Italia.

célèbres déssinateurs, et c'est pour cela que j'ai commencé à faire encadrer les dessins et à les mettre aux murs de la salle du restaurant. Très probablement ces dessinateurs se trouvaient bien chez nous car à chaque voyage qu'ils faisaient dans la région et à chaque manifestation de B.D. à Gènes ou à Rapallo ils revenaient. Avec beaucoup d'entre eux nous sommes devenus amis et j'ai découvert qu'entre nous il y avait beaucoup d'affinités. Moi j'aimais les B.D. et je me dédiais à la cuisine en professionnel et eux faisaient des B.D. en professionnel et avaient comme hobby la cuisine. C'est ainsi que grâce à eux j'ai appris à cuisiner quelques plats nouveaux, parfois pleins de fantasie. Et quelque fois, c'est moi qui leur ai expliqué comment préparer certaines spécialités de Ligure. Sur un point nous nous sommes toujours trouvés d'accord, car autant pour les dessins que pour la cuisine, il faut de la fantaisie, de l'imagination et de la passion. Pour ma part, je pense que les recettes ne sont pas des formules chimiques immuables: un peu de ceci, un peu de cela, et le plat est fait. Dans la préparation de beaucoup de mets il faut de la fantaisie et de l'originalité: en ajoutant un peu de ceci et en enlevant un peu de cela, suivant la quantité des ingrédients employés, de la saison et parfois même du temps. Probablement c'est aussi l'instinct que guide la main du cuisinier. J'ai fait l'expérience qu'au même moment, avec les mêmes ingrédients, dans la préparation d'un même plat, deux personnes font deux plats semblables mais pas identiques. Qu'est-ce qui rend plus goutteux un par rapport à l'autre? Peut-être l'intensité du feu, peut-être la rapidité d'exécution, quelques grammes en plus ou en moins de sel, ou pourquoi pas, le talent inné de manipuler tous les goûts que la nature met à notre disposition?

Dans les recettes que j'ai choisies tout cela n'y est pas. Je suis tout au plus convaincu que beaucoup d'amis déssinateurs, avec leur imagination, réussiront à transformer ces formules en plats délicieux. L'unique chose qui je l'espère restera en toile de fond, est le parfum de la Ligure ou, pour les étrangers, de l'Italie.

customers, and so I began to frame their offerings and hang them on the walls of the restaurant. Most probably the cartoonists were happy in our restaurant because whenever they came to the Riviera or on the occasion of any exhibition of cartoons in Genoa or Rapallo they came to our restaurant.

Friendship developed with many of them and I dicovered that we had many things in common; I was fond of the comics and in the kitchen I was a professional, while they were professional cartoonists and cooking was their hobby.

And so I learned from them how to cook a different dish, sometimes rather out of the ordinary; sometimes I was the one to explain to them how to prepare a Ligurian speciality. But on one thing we always agreed, whether it was inventing cartoons or creating a dish, what was needed was imagination, inventiveness, enthusiasm. In my opinion, recipes are not chemical formulas that cannot be changed; so much of this, so much of that and the dish is ready. Cooking in many instances requires imagination and invention; add a little of this, use a little less of that, according to the quality of the ingredients used or the season and even the time and weather.

Probably the hand of the cook is also guided by a certain instinct; I have made the experiment with two different people making the same dish at the same time, with the same ingredients, and the result — two similar dishes but by no means the same. What makes one dish more tasty or less tasty than another? Perhaps it's due to the amount of heat used, or whether certain ingredients are added sooner or later, a few grams more or less of salt, or, and why not, an inborn talent in the use of the various seasonings that nature provides for us?

All this does not come out in the recipes which I have chosen for this little book, but I am sure that my cartoonist friends, with their vivid imaginations, will succeed in transforming these formulas into delicious dishes. I only hope that the flavour of Liguria, and for those readers from other countries, the flavour of Italy, will be there as the basis.

LA NON IMPORTANZA DI CHIAMARSI "ERNESTO"

THE NON-IMPORTANCE OF BEING "ERNEST"

He was born on 14 February 1913: all of his family, workers on the land up at San Massimo, a village in the hills behind Rapallo, had dark hair. He was born blond with very fair skin: his father, excitedly and in amazement exclaimed in Genoese dialect: "By gum, what a white one"!. And so began the peasant life story of Ernest Oneto, forever afterwards nicknamed "U Giancu" ("The White One"). A name that today can be seen in many magazines and articles dealing with cookery, signifying a landmark for those who enjoy a good meal. Now Ernest Oneto is 73: he is a big, gruff fellow, usually in a dark brown jersey, with the bearing of a *pater familias.*

You can find him up there in his trattoria alongside his family that has grown but retains the characteristics of a peasant way of life that has almost disappeared. There's his wife, Pasqualina, his two sons, one of whom, Fausto, has inherited the family name (or nickname), as was the custom in patriarchal families, and who has also inherited the same passion for good food.

The background is a peasant family, living in the country — cultivating fruit, vegetables, olive oil, keeping a few cows. There's "Aunt Lice", Ernest's sister who is a teacher —" there's no harm in a bit of culture". She is known as "La Maestra" ("The Teacher") and she teaches in the small elementary school of San Massimo.

In 1960 the only tavern (osteria) of the district came up for sale: a family council was called — U Giancu, his wife, his sister "Aunt Lice". They decide to buy even though it was not exactly thriving. At first about twenty glasses of wine and a couple of glasses of grappa were served each day. When one of the grappa drinkers died, business went on for a while selling one grappa less a day.

However, the first tourists were beginning to come to San Massimo — people out for the day would come into the osteria asking for a bite to eat as well as a drink. U Giancu produced broad beans, salami and fresh cheese made from the milk he got from his cows. Some of the guests became aware of the appetising smells coming from the family kitchen — ravioli, lasagne with pesto, chicken or rabbit with olives, and a tart that was a speciality of Pasqualina. And so, quite by chance, the cuisine of the family became the cuisine of the osteria.

The guests who tried out the dishes prepared by Pasqualina came back, brought friends and acquaintances. The small tavern

Nasce il 14 febbraio 1913: nella sua famiglia sono tutti scuri di capelli, gente che lavora su a San Massimo, un paesino sulle colline alle spalle di Rapallo. Nasce lui ed è biondo, pelle chiarissima: il papà, in un moto di commozione e di stupore, esclama: "Belìn, cumme u l'è giancu!" Inizia così la storia contadina di Ernesto Oneto, da allora in poi soprannominato "U Giancu". Un nome che oggi appare su numerose riviste di cucina, come punto di riferimento per chi ama la buona tavola.

Ora Ernesto Oneto ha settantatrè anni: grande, burbero, con una immancabile maglietta marrone, il fare da *pater familias.* Lo trovi, su, nella sua trattoria accanto ad una famiglia che è cresciuta, ma che mantiene i caratteri di una civiltà contadina forse scomparsa. La moglie, Pasqualina, due figli; uno dei quali, Fausto, eredita il patronimico, come si usava nelle famiglie patriarcali, e la stessa passione per la cucina.

La famiglia è contadina e vive della campagna: frutta, verdura, olio, qualche mucca. C'è anche la "zia Lice", sorella di Ernesto, che fa scuola: un pizzico di cultura non guasta: la chiamano "la maestra", insegna nella scuola elementare di San Massimo.

Nel 1960 l'unica osteria del borgo è in vendita: c'è un consiglio di famiglia: "U Giancu", la moglie, la zia Lice: decidono di acquistarla, anche se il locale non è proprio prospero. All'inizio servono una ventina di bicchieri di vino e due grappe al giorno, poi uno dei due bevitori di grappa muore e si va avanti per un po' con una grappa in meno al giorno.

Cominciano però ad arrivare a San Massimo i primi turisti: gente che fa scampagnate, entra nell'osteria e chiede anche qualcosa da mangiare oltre che da bere. "U Giancu" serve fave, salame e formaggetta fresca che prepara col latte delle sue muc-

che. Qualcuno sente i profumi che arrivano dalla cucina di famiglia: ravioli, lasagne al pesto, pollo e coniglio con le olive e una crostata che mamma Pasqualina sa ceselare alla sua maniera. E così, casualmente, la cucina di famiglia diventa la cucina dell'osteria: chi assaggia i piatti preparati da mamma Pasqualina, torna, porta amici, conoscenti. Il locale, "osteria con cucina", non ha un nome, tutti conoscono però il proprietario, "U Giancu", che serve in tavola, si sofferma a parlare con i clienti, qualche volta si siede e mangia o beve con loro.

"Dove andiamo a mangiare?"

"Da "U Giancu"!"

Ancora casualmente, l'osteria con cucina, che nel frattempo è diventata "trattoria", prende il nome dal nomignolo del proprietario. Da "U Giancu" la gente si trova bene, scopre il piacere di un piatto giusto, esplodono i "pansoti" che, agli albori, non si facevano ancora; il vinello fresco di Manarola ne è protagonista assoluto. Addirittura due giovani coniugi si trovano così bene che, dopo mangiato, partono dimenticando il figlio neonato in carrozzella.[1]

Il locale però non è molto grande, cinque tavoli in tutto. Una volta che è pieno, capitano alcuni industriali di Milano: se ne fanno apparecchiare uno fuori, quasi sulla strada, tenuto dritto alla bell'e meglio da alcuni mattoni sotto le gambe traballanti.

È venuto il momento di cambiare, di rinnovarsi: ma per carità, non nella cucina! Nasce così la nuova trattoria tra gli ulivi, più grande, con una cucina finalmente più moderna dove mamma Pasqualina ha più spazio per fare la sfoglia per i pansoti e i ravioli, per la torta pasqualina, e per tutti gli altri piatti, ripescati dalla tradizione di famiglia e dalla cucina ligure, che vanno ad arricchire il menù.

"U Giancu" è sempre sulla tolda, mamma Pasqualina e Fausto — che ormai ha acquisito *tout court* il patronimico "U Giancu" — coordinano il tutto. E arrivano infine i grandi del fumetto: Fausto, un po' sognatore, si innamora di questa "letteratura per immagini" che un vecchio pregiudizio vuole per bambini, ma che è letta soprattutto da adulti ed è diventata materia di studi e tesi da parte di docenti universitari, sociologi ed esperti di mass media. Portati dai kamikaze dei fumetti, quali sono Bottaro, Chendi e Rebuffi (loro sì, di queste colline e queste terre), ecco i grandi disegnatori italiani, europei, americani: tutti fanno tappa qui. Le pareti della trattoria si riempiono dei personaggi più noti: Andy Capp, Beetle Bailey, Tex Willer, Braccio di Ferro, Pon Pon, Charlie Brown, Mafalda, Paperino e... Insomma, non manca quasi nessuno.

Intanto mamma Pasqualina continua tra i fornelli a fare la sua cucina di sempre, Fausto a girare per i tavoli, a vestirsi di fumetto, a stampare tovaglie, menù, magliette per il personale con le battute, i volti dei fumetti.

E lui, "U Giancu", impassibile, burbero, antico, dietro il banco guarda e ammicca. Per lui il tempo non passa: gli sembra di rivivere antichi ricordi, di quando negli anni trenta scendeva fino a Camogli a vendere i prodotti della sua terra. Ancora una volta la sua "osteria con cucina" ha fatto colpo: come allora, con la vecchia stufa a legna, la *miagetta* di fianco, i ravioli, le picagge al pesto e tanti amici attorno a lui. Davvero il tempo si è fermato... Magari bloccato da un disegno di Bottaro.

Vittorio Sirianni

(1) Per la storia: non erano genitori snaturati. Dopo un'oretta sono tornati disperati, preoccupati e trafelati a riprendersi il loro figlioletto.

— *osteria con cucina* — had no name but everybody knew the name of the proprietor, U Giancu, who waited at table, chatted with the customers, often joining them, drinking and eating with them.

"Where shall we go to eat?"

"To U Giancu"!

And so, again by chance, the *osteria con cucina*, which in the meantime had become a *trattoria*, took the nickname of the proprietor. At "U Giancu" you enjoy yourself, you discover the pleasure of a dish that's just right, you rediscover the pansoti, a dish that had been long forgotten; the light fresh *Manarola* wine is an absolute must. It even happened that a young couple so enjoyed their meal that when they left they forgot behind their newly-born baby in its carry cot. [1]

At this time it wasn't a big restaurant — just five tables. And once, when full, some industrialists from Milan turned up. They got U Giancu to fix them up with an outside table practically on the road — the table kept steady with a few bricks under the shaky legs.

The day came when it was time to change, to renovate, but for heaven's sake not the cooking. And so the new trattoria came into being among the olive trees, much bigger with a kitchen at long last more modern where Mamma Pasqualina had more space for making the pansoti and ravioli, the pastry for the Pasqualina Pie and for preparing all the other dishes, culled from family recipes and from traditional Ligurian cookery, which nowadays enrich the menu.

U Giancu is always on deck, Mamma Pasqualina and Fausto — who by now has acquired *tout court* the nickname "U Giancu" — run the show. And, finally, the great names of the strip cartoons arrive; Fausto, somewhat of a dreamer, is crazy about this "literature by illustration", once considered only for children but which is read — to a great extent — by adults and which has become a subject of study for university lecturers, for sociologists and students of mass media. Brought by the *kamikaze* of the comics, such as Bottaro, Chendi and Rebuffi (they are natives of these Ligurian hills and soil) here you find the great Italian, European, American cartoonists; all are represented here. The walls of the restaurant are covered by the best known figures — Andy Capp, Beetle Bailey, Tex Willer, Popeye, Pon Pon, Charlie Brown, Mafalda, Donald Duck and... well hardly anyone is missing.

Meanwhile, Mamma Pasqualina carries on in her kitchen cooking her delicious dishes, Fausto circulates around the tables in his comic strip attire, and with his table linen, menus and T-shirts for the staff decorated with motifs and reprints from the comics.

And Ernest, U Giancu, imperturbable, gruff, somewhat dated, is there behind the bar, benevolently surveying the scene. Time is not going by for him; he seems to be reliving old memories, remembering the thirties when he used to walk as far as Camogli to sell the produce from his land.

Once again his *osteria con cucina* has made its name. Just as in the past with the old wood-fired stove, the *miagetta* (a stone seat) at the side, the ravioli, the picagge with pesto and with many friends around him. Surely, time stands still — stopped maybe by a Bottaro drawing.

Vittorio Sirianni

(1) To end the story. They weren't cruel, inhuman parents. After a while they came back, desperate, worried and out of breath, and collected their baby.

CROCCHETTE DI PATATE

CROQUETTES DE POMMES DE TERRE

POTATO CROQUETTES

Ottime servite con gli antipasti, non richiedono patate novelle.

1 chilogrammo di patate; 100 grammi di carne magra tritata; olio di oliva; 2 uova; due manciate di parmigiano; pane grattato; maggiorana; sale.

Lessare e passare al setaccio le patate, aggiungere la carne tritata, le uova sbattute con l'aglio e la maggiorana pestati insieme nel mortaio, due cucchiai di olio di oliva, il pan grattato in quantità sufficiente da rendere sodo l'impasto, il parmigiano e il sale. Impastare e fare delle palline grandi come noci, passarle nella farina e friggerle in abbondante olio di oliva ben caldo.

Parfaites pour un assortiment d'entrées variées, ces croquettes ne nécessitent pas de pommes de terre nouvelles.

1 kg de pommes de terre, 100 g de viande maigre hâchée; huile d'olive; 2 oeufs; 2 poignées de parmesan; chapelure; marjolaine; sel; une gousse d'ail.

Faire bouillir les pommes de terre et les écraser en purée, ajouter la viande hâchée, les oeufs battus avec l'ail et la marjolaine pilés au mortier, 2 cuillères à soupe d'huile d'olive, le parmesan, le sel et de la chapelure en quantité nécessaire pour obtenir un mélange bien ferme. Faire des boulettes de la taille d'une noix, les rouler dans la farine avant de les frire dans une bonne quantité d'huile d'olive bien chaude.

These make an excellent addition to a plate of hors d'oeuvres and you don't have to use new potatoes.

1 kilo of potatoes; 100 grams of minced lean meat; olive oil; 2 eggs; 2 handfuls of grated parmesan cheese, bread crumbs; a clove of garlic; marjoram; salt.

Boil and thoronghly mash the potatoes. Add to the potatoes the minced meat, the beaten eggs mixed with the garlic and marjoram crushed in a mortar, 2 tablespoons of olive oil, sufficient breadcrumbs to make a firm mixture, the parmesan cheese and the salt. Roll into nut-sized balls, dip them in flour and fry in plenty of very hot olive oil.

TORTELLI COL FORMAGGIO

TORTELLI AU FROMAGE

TORTELLI WITH CHEESE

Sono parenti stretti della focaccia col formaggio, ma di più spedita esecuzione non essendo necessario il forno a legna ma solo una buona padella e del profumato olio di oliva.

500 grammi di farina; 1 bicchiere di latte; sale; 300 grammi di crescenza o gorgonzola o stracchino; olio di oliva.

Impastare la farina con il sale, il latte; fare una pasta consistente aggiungendo, se necessario, anche un po' d'acqua. Tirare una sfoglia sottile. Tagliare con la rotella dei riquadri di pasta di circa 8-10 centimetri di lato. Disporre sui riquadri un pezzetto o di stracchino o di gorgonzola o di crescenza, ripiegare unendo gli orli e schiacciare. Friggere in olio di oliva caldo e abbondante per pochissimi minuti. Vanno serviti caldissimi.

Les tortelli au fromage sont les cousins germains de la fougasse au fromage mais la préparation est plus rapide et la cuisson ne nécessite pas de four à bois mais seulement une bonne poële et de l'huile d'olive bien parfumée.

500 g de farine, 1 verre de lait, sel, 300 g de crescenza ou de stracchino ou de gorgonzola; de l'huile d'olive.

Mélanger la farine, le sel et le lait. Faire une pâte consistante en ajoutant si besoin est, un peu d'eau. Etaler la pâte en une feuille fine qui sera découpée en carrés de 8 à 10 cms de côté avec une petite roulette. Placer au milieu de chaque carré un peu de fromage et replier enfermant les bords par pression des doigts. Frire dans de l'huile d'olive chaude quelques minutes. Servir très chaud.

They are near relations of cheese bread but can be made more quickly and without having to have a wood-fired oven. All that's needed is a good frying pan and good olive oil.

500 grams of flour; a glass of milk; salt; 300 grams of «crescenza» (a soft Italian cheese) or gorgonzola or «stracchino» (another soft cheese); olive oil.

Knead the flour, salt, milk and a little olive oil together into a firm dough, adding, if necessary, a little water. Roll the dough into a thin sheet. Cut into squares; 8-10 cms - sided. Put on each square a lump of one of the cheeses. Fold over and seal well. Fry in hot, deep olive oil for a few minutes. Serve very hot.

FOCACCIA COL FORMAGGIO

FOUGASSE AU FROMAGE

CHEESE BREAD

La sua fama gastronomica, giustamente conquistata per la sua digeribilità, dalla Riviera di Levante è giunta oggi quasi ovunque.

400 grammi di farina bianca; 2 bicchieri di olio di oliva; 1 bicchiere di vino bianco secco; 500 grammi di stracchino; sale.

Impastare la farina col vino bianco e 1 bicchiere d'olio. Salare e tagliare la pasta a metà. Tirare due sfoglie molto sottili. Foderare una placca unta d'olio con una di queste e cospargere con lo stracchino a pezzetti. Ricoprire con l'altra sfoglia, chiudere con un orlo tutto attorno. Irrorare d'olio la superficie. Infornare a fuoco vivo per una decina di minuti. Va servita molto calda.

Née sur la côte orientale de la Ligure, sa réputation n'est plus à faire. Sa renommée est dûe essentiellement au fait qu'elle est particulièrement digeste et bonne!

400 g de farine blanche, 2 verres d'huile d'olive, un verre de vin blanc sec, 500 g de stracchino, sel.

Mélanger la farine avec le vin blanc et un verre d'huile; saler et couper la pâte en deux; rouler la pâte très fine; couvrir une plaque à pâtisserie bien huilée avec une moitié de la pâte; parsemer celle ci de stracchino et couvrir le tout avec l'autre feuille de pâte, bien soudée sur tout le périmètre; asperger la superficie d'huile, mettre au four chaud 10 minutes. Servir très chaud.

The fame of focaccia has spread almost everywhere, as it is easily digestible, from its place of origin — the Riviera east of Genova, Riviera Levante.

400 grams of white flour; 2 glasses of olive oil; 1 glass of dry white wine; 500 grams of stracchino (a soft Italian cheese); salt.

Mix the flour with the white wine and 1 glass of oil. Add salt and cut the dough into two pieces. Roll out two very fine sheets of pastry. Line a greased or rather oiled baking tin with one of the sheets of pastry and spread pieces of stracchino over it. Cover with the other sheet sealing the edges all around. Smear oil over the surface and bake in a hot oven for about 10 minutes. Serve very hot.

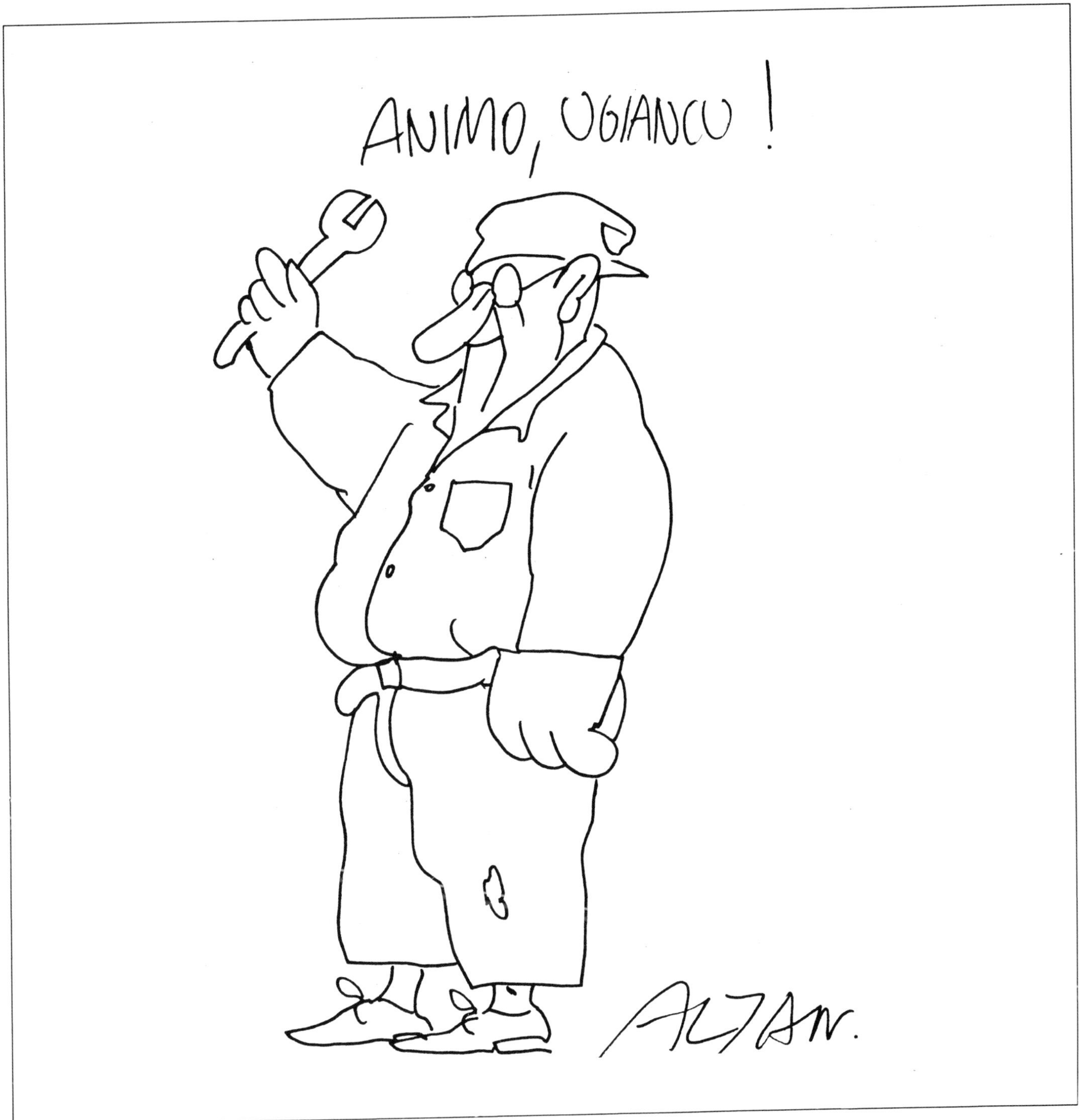
ANIMO, UGIANCU !
ALTAN.

TORTA DI RISO

TARTE SALÈE AU RIZ

RICE PIE

Piatto assai adatto nei ricevimenti, come antipasto e nelle cenette in piedi.

Per la sfoglia: 500 grammi di farina; olio di oliva; sale.

Per il ripieno: 200 grammi di riso; 100 grammi di ricotta; una manciata di parmigiano; 3 uova; maggiorana; pepe; sale; 1 bicchiere di latte.

Impastare la farina con l'olio, acqua tiepida e sale, lavorarla sino a farla diventare liscia e morbida. Lasciarla riposare almeno 1 ora. Lessare il riso in acqua salata con un cucchiaio di olio di oliva; a cottura quasi ultimata — il riso deve essere al dente! — versare il latte, rimestare bene, scolare, travasare in un recipiente di porcellana e lasciar raffreddare; quindi condire il riso con altri 3 cucchiai di olio, pepe, ricotta, 2 uova sbattute e la maggiorana pestata precedentemente nel mortaio. Dopo aver steso una sfoglia non sottilissima in un tegame unto, versare il riso e stenderlo bene, quindi sbattere l'ultimo uovo e con esso spennellarne la superficie. Cuocere a forno caldo per circa 30 minuti.

Mets très utilisé pour les réceptions et les buffets.

Pour la pâte: 500 g de farine, huile d'olive, sel.

Pour la farce: 200 g riz, 100 g de ricotte (fromage blanc); une poignée de parmesan; 3 oeufs, marjolaine; poivre; sel; un verre de lait.

Mélanger la farine et l'huile, de l'eau tiède et le sel afin d'obtenir une pâte molle et homogène. La laisser reposer au moins une heure. Cuire le riz en eau salée avec une cuillère d'huile d'olive jusqu'à ce que le riz soit bien ferme. Verser le lait sur le riz, bien remuer, égoutter et transvaser dans une jatte en porcelaine; refroidir laisser. Assaisonner le riz froid avec 3 cuillèrés d'huile, le poivre et le sel, la ricotte, 2 oeufs battus et la marjolaine pilée au mortier. Après avoir foncé la pâte pas trop fine dans un plat à tarte huilé, verser et épandre bien le riz puis verser sur la superficie de la tarte le dernier oeuf battu. Cuire à four chaud 30 mns environ.

This dish is suitable for serving at receptions as an item of hors d'oeuvres and for buffet suppers.

The pastry: 500 grams of flour; olive oil; salt.

The filling: 200 grams of rice; 100 grams of ricotta or cottage cheese; a handful of parmesan; 3 eggs; marjoram; pepper; salt; 1 glass of milk.

Mix into a smooth and soft dough the flour and oil with warm water and salt. Leave the dough for at least 1 hour. Boil the rice in salted water with a spoonful of olive oil. When the rice is almost cooked — the rice grains must be firm — add the milk. Mix it well and strain. Turn the rice into a bowl and let it cool. Then add another 3 tablespoons of oil, pepper, cottage cheese, 2 beaten eggs and the marjoram already pounded in a mortar.
Roll out the dough into not too thin a sheet and spread into a greased deep baking tin... or cake tin. Pour the rice mixture onto the pastry, spread it out evenly and then the last beaten egg can be brushed over the surface. Bake in a hot oven for about 30 minutes.

Fond felicitations to U Giancu from Broom-Hilda + Russell Myers -1985-

TORTA PASQUALINA

QUICHE PASCALE

EASTER CHEESE AND SPRING GREENS PIE

Cibo tradizionale della Pasqua e delle gite post-pasquali, oggi viene confezionata tutto l'anno.

Per la sfoglia: dosi e lavorazione sono uguali alla torta di riso.

Per il ripieno: 5 mazzi di bietole; 2 mazzi di boraggine; 300 grammi di ricotta; 5 uova; 1 spicchio d'aglio; maggiorana; 50 grammi di parmigiano; sale; olio di oliva.

Per il ripieno: pulire e lavare la verdura, quindi scottarla in acqua bollente. Tagliarla finemente e, dopo averla messa in un recipiente, aggiungere il parmigiano grattugiato, 5 cucchiai di olio, 4 uova sbattute con l'aglio, la maggiorana e il sale. A parte formate una crema con la ricotta diluendola con un po' d'olio; unirla quindi al composto. Tirare una sfoglia sottile e stenderla in un tegame unto facendola debordare alquanto. Versare il ripieno e, dopo aver fatto una fossetta al centro, disporvi un uovo sodo sgusciato. Ricoprire con un'altra sfoglia sottile, ungerla leggermente e aggiungere un'altra sfoglia ancora, ungere anche quest'ultima e, con un coltello, tagliare la sfoglia eccedente lungo il bordo del tegame, rivoltando l'orlo su sè stesso verso l'interno. Infornare per circa 45 minuti finchè non avrà preso un bel colore dorato.

Mets traditionnel à l'occasion des fêtes de Pâques et des piques-niques de cette période. Aujourd'hui, cette quiche est faite toute l'année.

Pour la pâte, *idem tarte de riz salée.*

Pour la farce: *5 bottes de blettes, 2 bottes de "borage", 300 g de ricotte, 5 oeufs, 1 gousse d'ail, de la marjolaine, 50 g de parmesan, sel, huile d'olive.*

Trier et laver les légumes, les blanchir. Les hâcher finement et les mélanger dans une jatte avec le parmesan rapé, 5 cuillères à soupe d'huile, 4 oeufs battus avec l'ail, la marjolaine et le sel. A part, faire une crème mélangeant la ricotte et un peu d'huile, puis ajouter au reste.
Etendre la pâte au fond d'un moule préalablement graissèr en laissant déborder légèrement la pâte. Etaler la farce, faire un puits au centre et y placer un oeuf dur écalé. Recouvrir d'une autre feuille de pâte fine qui sera légèrement huilée, et encore une autre feuille de pâte fine audessus de celle ci, aussi légèrement huilée. A l'aide d'un couteau, raser l'excedent de pâte sur tout le périmètre de la quiche en repliant la pâte vers l'interieur comme pour faire un ourlet simple. Cuire 45 mns jusqu'à ce qu'elle prenne une belle couleur dorée.

This used to be the traditional Easter pie that was also taken on after-Easter outings but nowdays it is served all the year round.

The pastry: the same as for the Rice Pie.

The filling: 5 bunches of beet leaves (or spinach); 2 bunches of borage; 300 grams of ricotta or cottage cheese; 5 eggs; a clove of garlic; marjoram; 50 grams of parmesan cheese; salt; olive oil.

Wash and clean the greens and parboil in boiling water. Cut up finely and put in a bowl, adding the grated parmesan, 5 tablespoons of oil, 4 eggs beaten with the crushed garlic, the marjoram and salt. Having creamed the ricotta or cottage cheese with a little oil add it to the other mixed ingredients. Roll out the pastry into a thin sheet and spread it over a well greased pie dish. Spread the filling over this layer. Hollow out some of the filling at the centre and in it place a shelled boiled egg. Cover with another finely rolled out sheet of pastry, brush it with oil and add yet another finely rolled out sheet of pastry. Brush this with oil and trim off any overlapping pastry sealing the edges well by turning upwards and inwards. Bake for about 45 minutes until the pie is golden brown.

A U Giancu _ Guido Scala

FARINATA

LA SOCCA

CHICK PEA LOAF

Quando questo cibo nacque nel basso medioevo, la farina di grano era un gran lusso. La farinata è ancora oggi molto apprezzata e continua a troneggiare, calda, dorata, appetitosa nei grandi "testi" di rame.

500 grammi di farina di ceci; 1 bicchiere di olio di oliva; sale.

Versare la farina di ceci in un litro e mezzo di acqua, facendo attenzione che non vi siano grumi (eventualmente passare il composto al colino), salare e lasciar riposare per 5-8 ore, schiumare e quindi versare in un ampio tegame, possibilmente di rame, aggiungere l'olio di oliva e rimestare lentamente amalgamando l'olio. Il composto deve essere alto nel tegame non più di un centimetro. Cuocere in forno possibilmente a legna, oppure a fiamma alta fino a che non si sarà formata una crosta dorata e croccante in superficie. Servire molto calda. A piacere, pepare con pepe nero.
Come variante, prima della cottura, si può cospargere il composto con bianchetti o con cipolline fresche tritate molto finemente.

Quand ce plat naquit au début du moyen âge, la farine de blé était un grand luxe. La socca est encore aujourd'hui très appréciée et continue à triompher, chaude, dorée, appétissante dans ses grandes poêles en cuivre.

500 g de farine de pois chiche, 1 verre d'huile d'olive, sel.

Diluer la farine de pois chiche dans un litre et demi d'eau sans faire de grumeaux (éventuellement passer le liquide ainsi obtenu dans une passoire). Saler et laisser reposer 5 à 8 heures. Ecumer, verser sur une grande plaque a petits bords et si possible en cuivre, puis ajouter l'huile d'olive qui y sera lentement absorbé. Cette pâte liquide ne doit pas dépasser un centimètre d'épaisseur. Cuire si possible dans un four à bois, à feu vif jusqu'à ce qu'une croute dorée et croustillante se soit formée à la surface. Servir très chaud et poivrer à souhait. Comme variante, avant la cuisson, on peut parsemer cette pâte de "bianchetti" (petite blanchaille) ou de cébettes hâchées finement.

At the time of the origins of this dish in the early Middle Ages grain flour was a great luxury. And today this chick pea loaf is still appreciated and goes on being a king of dishes — hot, golden, appetising in big copper pans.

500 grams of chick pea flour; 1 glass of olive oil; salt.

Sift the flour into 1 1/2 litres of water, taking care to smooth out any lumps (if necessary, pass the mixture through a colander or sieve), add the salt and let it stand for 5 to 8 hours. Then skim the mixture and pour it into a large pan, preferably a copper pan. Mix in the olive oil stirring gently until the oil is absorbed. The mixture should not be more than a centimetre deep in the pan. Bake in a hot oven (a wood-fired one if possible) until a golden crust is formed. Serve hot and, if wished, with a sprinkling of black pepper.
For a change, before baking, sprinkle into the mixture some tiny whitebait or finely chopped spring onions.

FOCACCETTE DI POLENTA

PETITES FOUGASSES DE MAIS

POLENTA CAKES

Accade sovente che, dopo una polentata con gli amici, rimanga ancora della polenta nel paiolo. Ecco come utilizzarla.

Polenta già fatta grammi 300; 1 dado di lievito di birra; 200 grammi di farina; mezzo bicchiere di latte; sale; olio di oliva.

Versare la farina sullo spianatoio e mescolarla con la polenta, salare ed impastare con il latte dentro al quale si sarà fatto sciogliere il lievito di birra. Se necessario, per rendere più morbido l'impasto, aggiungere ancora un po' di latte tiepido. Lasciar lievitare, coperto, per 40-50 minuti, quindi strappare dei pezzetti di impasto, batterli con le mani, appiattirli e passarli nella farina. Friggerli in olio abbondante già ben caldo.

Il arrive souvent qu'après une "polentata" entre amis, il reste au fond du chaudron un peu de polente; voici comment l'utiliser!

300 g de polente déjà cuite, 1 paquet de levure de boulanger, 200 g de farine, un demi verre de lait, sel, huile d'olive.

Mélanger la farine et la polenta, saler puis ajouter le lait dans lequel on aura diluer la levure de boulanger. Si besoin est, rajouter un peu de lait tiède afin que la pâte ainsi obtenue reste bien souple. Couvrir et laisser lever 40 à 50 minutes. Enfin, déchirer la pâte avec les doigts pour former les fougassettes. Une fois taillée, la pâte doit être battue dans les mains et légèrement aplatie; enfariner. Frire dans beaucoup d'huile bien chaude.

It often happens that after enjoying a dish of polenta with friends there is still some polenta left over in the pan. Here's out to use it up.

300 grams of already cooked polenta; a cube of yeast; 200 grams of flour; 1/2 glass of milk; salt; olive oil.

Put the flour on the pastry board and mix it with the polenta. Add the salt and work in the milk in which the yeast has been dissolved. Knead the dough and if it is too hard add a little more warm milk. Let it rise under cover for 40-50 minutes. Then pull out small pieces of dough, beat and flatten them between the hands and dip them in flour. Fry in plenty of very hot oil.

Pu U GIANCU!

FOCACCIA ALLA SALVIA

FOUGASSE A LA SAUGE

SAGE BREAD

Come variante, si può preparare anche con basilico o polpa di olive nere.

750 grammi di farina; 2 bicchieri di olio di oliva; sale; lievito di birra; 1 mazzo di foglie di salvia; oppure 1 tazza di polpa di olive nere; oppure 3 mazzi di basilico.

Impastare la farina con l'acqua e il sale; aggiungere l'olio e le foglie di salvia tritate (oppure il basilico tritato oppure la polpa delle olive nere). Stendere la pasta in una placca ben oliata. Versare sopra altro olio di oliva. Far lievitare almeno un'ora, quindi infornare e cuocere per circa 40-50 minuti.

Comme variante, la fougasse peut aussi être préparée avec du basilic ou la chair d'olives noires.

750 g de farine, 2 verres d'huile d'olive, sel, de la leuvre de boulanger un bouquet de feuilles de sauge, ou bien une tasse de pulpe d'olives noires, ou 3 bouquets de basilic.

Mélanger la farine, l'eau et le sel, ajouter l'huile et les feuilles de sauge hâchées (ou les feuilles de basilic hâchées ou la chair d'olive). Etendre la pâte sur une plaque huilée, laisser lever au moins une heure puis enfourner pour 40 à 50 mns.

Instead of sage, basil or black olive pulp can be used.

750 grams of flour; 2 glasses of olive oil; salt; yeast; a bunch of sage leaves; or a cup of black olive pulp; or 3 bunches of basil leaves.

Mix the flour with water and salt into a dough; add the oil and the finely chopped sage leaves (or the finely chopped basil or the black olive pulp). Spread the dough on a well oiled baking pan. Pour some more olive oil over it. Let it rise for at least an hour and then bake in the oven for about 40-50 minutes.

PANICCIA

PANISSE

CHICK PEA SLICES

Ci sono vari modi per mangiare la paniccia: tagliata a listarelle dello spessore di mezzo centimetro e fritte in abbondante olio oppure, sempre a fettine, condita con olio e cipolline novelle.

300 grammi di farina di ceci; olio di oliva extra vergine Rivano; sale; cipolline novelle.

Stemperare la farina di ceci in un litro d'acqua tiepida in modo da evitare che si formino grumi, salare. Mettere sul fuoco e cuocere per 50 minuti rimestando continuamente sino a che la paniccia non si stacchi dal recipiente. Versare in fondine e, una volta fredda, tagliarla a fettine e friggerle in olio caldo oppure condirle, insieme alle cipolline affettate, con abbondante olio d'oliva.

Il y a différentes façons de manger les panisses: coupées en bandes d'un demi centimètre d'épaisseur et frits dans l'huile ou (toujours en tranche) assaisonnées avec de l'huile et des petits oignons frais.

300 g de farine de pois chiche, huile d'olive extra vierge Rivano, du sel, des petits oignons frais.

Mélanger la farine dans un litre d'eau tiède afin de ne pas faire de grumeaux, saler. Faire cuire 50 minutes sans cesser de tourner jusqu'à ce que le panisse se détâche facilement du récipient. Verser dans une assiette creuse, laisser refroidir; couper en tranches qui seront frites dans l'huile bouillante ou d'oignonssimplement accompagnées d'oignons émincés le tout arrosé d'huile d'olive.

This can be eaten cut into strips about 1/2 cm thick and fried in deep olive oil or the strips or slices can be eaten with oil and spring onions.

300 grams of chick pea flour; Rivano virgin olive oil extra; salt; spring onions.

Mix the chick pea flour in a litre of warm water taking care to get rid of any lumps and season with salt. Cook in a saucepan for 50 minutes, stirring all the time until the mixture comes cleanly away from the sides of the pan. Turn it on to a board and when cold cut into slices and fry in hot oil or dress, together with the finely sliced spring onions, with olive oil.

Max Fridman
e Etel Möget
da U Giancu
nella prima-
vera del 1939

Giardino '96

PANSOTI DI ZUCCA

PANSOTI DE COURGE

PUMPKIN RAVIOLI

È cibo caratteristico per la sua leggerezza ed economicità.

Per l'impasto: è lo stesso dei pansoti di magro.

Per il ripieno: 1 chilogrammo di zucca gialla; 3 uova; 100 grammi di ricotta; 100 grammi di parmigiano grattugiato; pane grattato; qualche foglia di maggiorana; 1 spicchio d'aglio; 50 grammi di burro; salvia; olio di oliva.

Lessare la zucca e lasciarla scolare a lungo, quindi tritarla finemente. Sbattere le uova con dentro l'aglio, la maggiorana e il sale già pestati nel mortaio, versare il tutto sulla zucca, aggiungere una manciata di pan grattato, il parmigiano, la ricotta, 3 cucchiai di olio di oliva. Rimestare bene e riempire la pasta tirata a sfoglia come per i pansoti di magro. Cuocere in acqua salata e condire con burro fuso e salvia.

C'est un mets caractérisé par sa légèreté et son faible coût.

Pour là pâte: idem pansoti maigres.

Pour la farce: 1 kg de courge; 3 oeufs; 100 g de ricotte; 100 g de parmesan râpé; chapelure; quelques feuilles de marjolaine; 1 gousse d'ail; 50 g de beurre; de la sauge; de l'huile d'olive; sel.

Blanchir la courge et la laisser bien égoutter, puis la hâcher finement. Battre les oeufs avec l'ail, la marjolaine, le sel réduits en purée. Unir le tout à la courge, ajouter une poignée de chapelure, le parmesan, la ricotte, 3 cuillères à soupe d'huile d'olive. Quand le mélange est homogène former les pansoti de courge de la meme façon que les pansoti maigres. Cuire dans de l'eau bouillante et salée; assaisonner avec du beurre fondu dans lequel on aura mis quelques feuilles de sauge.

This is a light and economical dish.

Prepare sheets of pasta like that used for vegetarian «pansoti».

The filling: 1 kilo of yellow pumpkin; 3 eggs; 100 grams of ricotta or cottage cheese; 100 grams of parmesan cheese; bread crumbs; a few leaves of marjoram; a clove of garlic; 50 grams of butter; sage; olive oil; salt.

Boil the pumpkin, strain it thoroughly and chop very finely. Pound the garlic, marjoram and salt in a mortar and beat this mixture into the eggs. Pour the beaten mixture onto the pumpkin and add a handful of bread crumbs, the parmesan cheese, the cottage cheese and three tablespoons of olive oil. Mix all these ingredients well together and arrange in spoonfuls on squares of pasta like the vegetarian «pansoti», sealing the edges well. Boil in salted water and serve with melted butter and sage.

A U GIANCU

GBCARPI·86

PANSOTI DI MAGRO

PANSOTI MAIGRES

VEGETARIAN RAVIOLI

Il nome deriva dalla loro forma panciuta. Il condimento d'obbligo è la salsa di noci, un intingolo importato dall'Oriente nel periodo aureo della Repubblica di Genova.

Per il ripieno: 1 chilogrammo di bietole e boraggine in parti uguali; 600 grammi di preboggion; 200 grammi di ricotta; 50 grammi di parmigiano grattugiato; 2 uova; maggiorana; sale.

Per l'impasto: 400 grammi di farina bianca; acqua; una spruzzata di vino bianco; 1 uovo intero più un tuorlo; sale.

Pulire e lavare le verdure, lessarle, strizzarle bene e tritarle. Mettere in una terrina con le uova, la ricotta, il parmigiano, la maggiorana e il sale. Rimescolare bene il tutto. Fare la pasta con la farina, il vino bianco, l'uovo e il tuorlo, poca acqua e sale. Fare una sfoglia e procedere alla confezione dei pansoti formando con la pasta dei quadrati e ponendo su ognuno di essi un cucchiaio di ripieno, ripiegando poi gli estremi a triangolo e rimboccando i bordi. Lessarli per circa 4 minuti e condire con la salsa di noci.

Le nom de "pansoti" vient de leur forme ventrue (panciuta = ventre, panse). Leur assaisonnement préféré est la sauce aux noix, importée de l'orient à l'age d'or de la république de Gènes.

Pour la farce: 1/2 kg de blettes, 1/2 kg de boragine, 600 g de preboggion, 200 g de ricotte (fromage blanc), 50 g de parmesan rapé, 2 oeufs, un peu de marjolaine, du sel.

Pour la pâte: 400 g de farine blanche, de l'eau, 1 petit verre à liqueur de vin blanc, 1 oeuf entier + 1 jaune, du sel.

Nettoyer et laver les légumes, les faire blanchir, bien les égoutter et les serrer, puis les hacher. Dans une jatte mélanger bien les légumes, les oeufs, la ricotta, le parmesan, la marjolaine et le sel. Préparer la pâte avec la farine, le vin blanc, l'oeuf et le jaune d'oeuf, le sel, un peu d'eau. Bien travailler cette pâte qui doit rester bien ferme. L'étendre finement puis la couper en carrés dé 6 cm de côté. Mettre au milieu de chaque carré une cuillère à café de farce, plier la pâte en diagonale et réunir les deux extrémités de la diagonale en les soudant par pression. Vous avez ainsi formé le pansoti.
Les faire cuire pour 4 minutes dans de l'eau bouillante et salée.
Servir avec la sauce aux noix.

The literal translation of «pansoti» is «pot-bellied» and the name derives from the shape. The traditional sauce to serve with «pansoti» is made with nuts — a dish imported from the Orient during the Golden Age of the Genoese Republic.

The filling: 1 kilo of beet leaves (or spinach) and borage in equal quantities; 600 grams of «preboggion» (mixed greens); 200 grams of ricotta or cottage cheese; 50 grams of grated parmesan cheese; 2 eggs; marjoram; salt.

The pasta: 400 grams of plain white flour; water; a sprinkling of white wine; 1 egg and 1 yolk of egg; salt.

Thoroughly wash the greens. Boil and drain well and chop finely. Put into a bowl with the eggs, the cottage cheese, the parmesan cheese, the marjoram and salt. Blend well until smooth.

Make the pasta dough with the flour, white wine, the egg and the yolk, a little water and salt. Roll out into a thin sheet. Make the «pansotti» by cutting the pasta into small squares and placing on each a spoonful of the filling, folding the edges over into a triangle and sealing the ends firmly. Boil for about 4 minutes and serve with nut sauce.

For our good friend "U. Gianni" from Andy, Florrie & Reg Smythe

PASTA CON GLI OVULI

TAGLIERINI AUX ORONGES

PASTA WITH OVULE

Piatto di rapida preparazione ma molto saporito.

300 grammi di ovuli freschi; 400 grammi di taglierini; un pugno di noci fresche; uno spicchio d'aglio; una manciata di parmigiano; olio d'oliva; sale.

Lessare per 15 minuti in acqua salata gli ovuli ancora chiusi, divisi in 2 o in 4 a seconda delle dimensioni. Gettare quindi i taglierini e lasciare bollire tutto insieme. A cottura ultimata, colare e condire con la seguente salsa che avrete preparato nel frattempo: pestare nel mortaio le noci fresche, un pizzico di sale e lo spicchio d'aglio. Aggiungete il parmigiano e amalgamatela con un cucchiaio di acqua di cottura dei taglierini e 5 cucchiai di olio d'oliva.

Mets vite fait et très goutteux.

300 g d'oronges fraîches, 400 g de taglierini, une poignée de cerneaux de noix fraîches, une gousse d'ail, une poignée de parmesan, huile d'olive, sel.

Blanchir pour 15 mns en eau salée les oronges encore fermées et coupées en 2 ou 4 suivant leur taille. Y jeter les taglierini et laisser cuire le tout. Quand les taglierini sont cuites, égoutter et assaisonner avec la sauce ainsi préparée: dans un mortier, piler les cerneaux de noix fraîches, la gousse d'ail et la pincée de sel. Ajouter le parmesan, une cuillère à soupe d'eau de la cuisson des pâtes et 5 cuillères à soupe d'huile d'olive.
Servir bien chaud.

A quickly prepared but tasty dish.

300 grams of fresh ovule mushrooms; 400 grams of ribbon noodles; a handful of fresh walnuts; a clove of garlic; a handful of grated parmesan cheese; olive oil; salt.

Boil the ovule still closed up for 15 minutes in salted water, splitting them up into two or four pieces according to size. Then throw the noodles into the water and boil everything together. When the noodles are cooked, drain them and serve with the following sauce which has been prepared while they were cooking. In the mortar pound the shelled and blanched nuts, a pinch of salt and the garlic clove. Add the grated parmesan and mix it together with a spoonful of the water in which the noodles were cooked and 5 tablespoons of olive oil.

PICAGGE MATTE

PICAGGE MATTE

CRAZY FLAT NOODLES

Questo tipico cibo di origine contadina è stato ripescato da un'antica ricetta.

200 grammi di farina di castagna (o, in mancanza, la stessa quantità di farina integrale); 200 grammi di farina doppio 00; 200 grammi di farina Manitoba; 1 uovo; sale.

Le picagge o fettuccine si possono fare sia con farina di castagna che con farina integrale: in entrambi i casi le percentuali per le tre farine sono di circa un terzo per qualità. Mettere i tre tipi di farina sullo spianatoio e mescolarli, quindi aggiungere l'uovo e impastare con acqua badando che l'impasto non sia eccessivamente duro, cosa che renderebbe difficile, soprattutto per la presenza di farina di castagna, tirare la sfoglia. Una volta ottenute le fettuccine, cuocerle in abbondante acqua salata e condire con pesto, aggiungendo fagiolini lessati per le integrali e fette di patate bollite per entrambe.

Ce plat est de très vieille origine paysanne dont voici l'antique recette.

200 g farine de chataignes, (ou de la farine complète), 200 g de farine de blé type 00, 200 g de farine de manitoba, un oeuf, sel.

Les ''picagge'' ou fettucine peuvent se faire tant avec de la farine de chataigne qu'avec de la farine complète. Quoiqu'il en soit, les proportions des trois farines sont de l'ordre d'un tiers. Mélanger les trois farines, faire une fontaine, ajouter l'oeuf et un peu d'eau. Veiller à ce que la pâte ne soit pas trop dure car il serait alors difficile d'en tirer une fine feuille à cause de la présence de la farine de chataigne. Une feuille fine, une fois obtenue, la rouler et la couper en petites tranches plus ou moins égales. Les fettucine ainsi obtenues seront cuites dans de l'eau bouillante salée pour quelques minutes, puis assaisonnées par une sauce au pistou à laquelle on aura ajouté des pommes de terre bouillies coupées en tranche et quelques haricots verts fin bouillis.

This typical peasant dish is based on a very old recipe.

200 grams of flour, either chestnut or wholemeal; 200 grams of plain flour; 200 grams of Manitoba flour; 1 egg; salt.

The «Picagge» or ribbon noodles can be made with chestnut or wholemeal flour. In either case the quantities are a third for each of the three qualities of flour. Put the three types of flour on the rolling board, mix them well and add the eggs, mixing it all together with water taking care not to make the dough too hard which would make it difficult to roll out, mainly because of the chestnut flour; When it has been rolled out and cut into «fettuccine» (ribbon noodles), boil in plenty of salted water. When drained, serve with pesto, adding boiled French beans when the pasta has been made with wholemeal flour and slices of boiled potatoes for both kinds of pasta.

37

RISOTTO CON GLI ASPARAGI

RISOTTO AUX POINTES D'ASPERGES

ASPARAGUS RISOTTO

È un cibo prelibato ma purtroppo stagionale. Per una buona riuscita della preparazione è infatti indispensabile impiegare verdura fresca.

1 chilogrammo di asparagi; 1 bicchiere d'olio di oliva; 1 bicchiere di vino bianco secco; 50 grammi di parmigiano grattugiato; mezza cipolla; 350 grammi di riso per risotti; sale.

Pulire gli asparagi, lavarli e lessarli in acqua salata. Toglierli dall'acqua conservandola. Soffriggere in olio la cipolla tritata, aggiungere il riso e farlo rosolare. Bagnare col vino bianco, salare. Procedere alla cottura del riso bagnando con il brodo di cottura degli asparagi. Aggiungere al riso cotto al dente le punte degli asparagi. Togliere dal fuoco, cospargere di parmigiano e servire.

C'est un plat exquis, malheureusement saisonnier. En effet, ce plat nécessite des asperges fraiches.

1 kg d'asperges, un verre d'huile d'olive, un verre de vin blanc sec, 50 g de parmesan rapé, 1/2 oignon, 350 g de riz rond pour risotto, du sel.

Nettoyer, laver et blanchir les asperges. Les sortir de l'eau tout en la conservant. Frire doucement un oignon dans l'huile, ajouter le riz. Arroser de vin blanc sec, saler. Laisser cuire doucement en ajoutant au fur et à mesure un peu d'eau de cuisson des asperges. Quand le riz est cuit tout en étant bien ferme, y ajouter les pointes des asperges. Retirer du feu et servir après avoir saupouder de parmesan.

A delicious dish but it can only be prepared when asparagus is in season. Fresh asparagus is essential for a good result.

1 kilo of asparagus; a glass of olive oil; a glass of dry white wine; 50 grams of grated parmesan cheese; 1/2 an onion; 350 grams of rice for the risotto; salt.

Clean the asparagus, wash it well and boil in salted water. Lift from the water but keep the water. Sauté in oil the chopped onion, add the rice and fry slightly.
Pour in the white wine and season with salt. Using the water in which the asparagus was cooked, add this gradually to the rice. When the rice is almost ready — the grains still firm — add the tips of the asparagus and finish cooking. Serve hot spinkled with parmesan cheese.

MINESTRONE GENOVESE

SOUPE AU PISTOU A LA GENOISE

GENOESE MINESTRONE

Oggi si fa anche con verdure surgelate, tuttavia è senz'altro più saporito preparato con tutte o quasi tutte le verdure fresche di stagione. Nel minestrone bisogna creare un equilibrio tra tutti gli ingredienti, in modo che niente prevalga troppo: questo vale soprattutto per quelli dal gusto forte come il sedano, l'aglio, le cipolle. Meglio abbondare con le patate per renderlo più denso.

100 grammi di fagioli borlotti freschi oppure 200 grammi di fagioli già lessati; 300 grammi di patate; 2 melanzane; 150 grammi di fagiolini; 200 grammi di zucca o di zucchini; 200 grammi di cavolo secondo la stagione; 150 grammi di piselli; 2 carote; 1 cipolla; 1 gambo di sedano; 1 spicchio d'aglio; 100 grammi di boraggine; 200 grammi circa di ogni verdura di stagione reperibile (in totale); 2 cucchiai di olio extra vergine di oliva Rivano; 200 grammi di pasta corta o riso; 2 cucchiai di pesto; sale.

Mettere al fuoco la pentola con acqua salata. Giunta ad ebollizione gettarvi tutte le verdure a pezzetti, l'olio di oliva. Lasciar cuocere a fuoco molto basso per circa 2 ore. Con un mestolo scolare un po' di verdure e schiacciarle con una forchetta. Unire quindi la pasta o il riso e, a cottura quasi ultimata, aggiungere il pesto diluito con un po' di brodo. Rimestare e servire.

Aujourd'hui, la soupe au pistou peut se faire avec des légumes surgelés, mais évidemment elle demeure plus gouteuse avec des légumes frais de saison. Dans le "Minestrone" il faut créer un équilibre entre les ingrédients afin qu'aucun ne domine sur un autre, surtout les éléments très goûteux tels que le céleri, l'ail, ou l'oignon. Il vaut mieux exagérer avec les pommes de terre afin de rendre la soupe plus dense.

100 g de haricots "borlotti" frais ou 200 g de haricots en grain déjà blanchis. 300 g de pommes de terre, 2 aubergines, 150 g de haricots verts, 200 g de courge ou de courgettes, 200 g de chou selon la saison, 150 g de petits pois, 2 carottes, 1 oignon, 1 branche de céleri, une gousse d'ail, 100 g de boraggine, 200 g environ (et en tout) de légumes verts disponibles suivant la saison, 2 cuillères à soupe d'huile d'olive extra vierge Rivano, 200 g de pâte courte ou de riz, 2 cuillères à soupe de piston, sel.

Mettre sur le feu une casserole d'eau salée. A ébullition y mettre tous les légumes lavés et coupés en morceaux et l'huile d'olive extra vierge Rivano. Laisser cuire à petits feu environ 2 heures. Avec la louche, prendre quelques légumes et à l'aide d'une fourchette les écraser. Enfin, avouter le riz ou les pâtes (mâcaroni), et quand ils sont presque cuits, ajouter le piston dilué dans un peu de bouillon de la soupe. Bien mélanger et servir.

In this day and age frozen vegetables can be used but minestrone is best made with all or nearly all the fresh vegetables in season. The ingredients must be well proportioned and balanced so that one flavour does not predominate, especially strongly flavoured vegetables such as celery, garlic or onions. It's better to be generous with potatoes to thicken the soup.

100 grams of fresh beans or 200 grams of dried beans, already soaked; 300 grams of potatoes; 2 aubergines; 150 grams of French beans; 200 grams of pumpkin or courgettes; 200 grams of cabbage — if in season; 150 grams of peas; 2 carrots; 1 onion; a celery stalk; a clove of garlic; 100 grams of borage; 200 grams in all of any other greens or vegetables in season; 2 tablespoons of Rivano virgin olive oil extra; 200 grams of short pieces of macaroni or rice; 2 tablespoons of pesto sauce; salt.

Have a saucepan of boiling salted water ready. When on the boil add all the chopped vegetables and the olive oil. Cook over a very low heat for about 2 hours. Ladle out some of the vegetables, strain and squash with a fork over the pan, returning the mixture to the pan. Then add the pasta or rice; when this is almost cooked add the pesto sauce, thinned out with a little stock. Stir the soup or minestrone and serve.

ZEMINO DI CECI

ZEMINO DE POIS CHICHE

CHICK PEA SOUP

È ottimo con crostini all'olio e al burro.

400 grammi di ceci; 1 cipolla; 1 spicchio d'aglio; 1 gambo di sedano; 3 pomidori pelati; qualche foglia di bietola; 15 grammi di funghi secchi; olio di oliva; burro; sale.

Lasciare a mollo i ceci per 24 ore. Cuocerli in acqua salata per circa 2 ore. Tritare e soffriggere in olio di oliva e burro la cipolla, l'aglio, il sedano, i pomidori, le bietole e i funghi fatti ammollare prima in acqua tiepida. Aggiungere quindi i ceci e lasciar rosolare per una decina di minuti, unendo ogni tanto l'acqua di cottura dei legumi.

Parfait avec des croutons à l'huile et au beurre.

400 g de pois chiche, un oignon, une gousse d'ail, une branche de céleri, 3 tomates pelées, quelques feuilles de blettes, 15 g de champignons secs, huile d'olive, beurre, sel.

Laisser tremper les pois chiche 24 h, puis les cuire en eau salée environ 2 h. Hâcher et faire revenir dans l'huile d'olive l'oignon, l'ail, le céleri, les tomates, les blettes et les champignons déjà trempés dans de l'eau tiède.
Ajouter les pois chiche et laisser mijoter une dizaine de minutes en ajoutant si besoin est un peu d'eau de cuisson des pois chiche.

It is excellent served with buttered or oiled toast.

400 grams of chick peas; 1 onion; 1 clove of garlic; 1 celery stalk; 3 peeled tomatoes; a few beet leaves; 15 grams of dried mushrooms; olive oil; butter; salt.

Soak the chick peas for 24 hours. Boil in salted water for about 2 hours. Fry in olive oil and butter the chopped onion, garlic, celery tomatoes, beet leaves and mushrooms already soaked and softened in warm water. Then add the chick peas and sauté the mixture for about ten minutes, adding a little at a time some of the water in which the vegetables were cooked.

by Jerry Dumas

FOR FAUSTO
U GIANCU
WITH BEST WISHES!
JERRY DUMAS

43

SALSA GENOVESE

SAUCE GENOISE

GENOESE SAUCE

Moderatamente piccante, accompagna degnamente le più svariate pietanze di bolliti, polli compresi.

1 mazzo di prezzemolo; 1 cucchiaio abbondante di pinoli; 1 spicchio d'aglio; mollica di un panino bagnato nell'aceto bianco; 1 tuorlo d'uovo lesso; 1 cucchiaio di aceto bianco; 20 olive verdi snocciolate; 1 cucchiaio di capperi; 2 acciughe sotto sale; 2 cucchiai di olio extra vergine di oliva Rivano; sale.

Tritare il prezzemolo e quindi pestarlo nel mortaio insieme a tutti gli altri ingredienti. Salare e diluire con aceto e olio.

Actuellement relevée, cette sauce accompagne dignement pot au feu et poule bouillie.

Un bouquet de persil, une bonne cuillère à soupe de pignons, une gousse d'aille, de la mie de pain trempée dans du vinaigre blanc, le jaune d'un oeuf dur, une cuillère à soupe de vinaigre blanc, 20 olives vertes dénoyautées, une cuillère à soupe de capres, 2 cuillères à soupe d'huile olive extra vierge Rivano, sel.

Hâcher le persil puis le piler au mortier en yajoutant tous les autres ingrédients. Saler et diluer avec le vinaigre et l'huile d'olive extra vierge Rivano.

Rather a sharp sauce suitable for serving with various boiled meats, including chicken.

A bunch of parsley; a full tablespoon of pine nuts; a clove of garlic; soft part of a roll soaked in white vinegar; 1 boiled egg yolk; 1 tablespoon of white vinegar; 20 stoned green olives; 1 tablespoon of capers; 2 salted anchovies; 2 tablespoons of Rivano virgin olive oil extra; salt.

Chop the parsley and then pound it in the mortar together with all the other ingredients. Season with salt and dilute with oil and vinegar.

SUGO DI CARCIOFI

SAUCE AUX ARTICHAUTS

ARTICHOKE SAUCE

È un intingolo delicato e raffinato che condisce egregiamente il riso e molti tipi di pasta asciutta.

1 cipolla piccola; 4 carciofi; 20 grammi di funghi secchi; prezzemolo; 1 spicchio d'aglio; salsa di pomodoro; olio di oliva; burro; mezzo bicchiere di vino bianco; un cucchiaio di farina; sale.

Tritare finemente la cipolla, il prezzemolo, l'aglio, i gambi sbucciati dei carciofi e i funghi secchi lasciati precedentemente a mollo nell'acqua tiepida; far rosolare l'insieme con olio di oliva e burro e spruzzare con vino bianco. Aggiungere quindi i carciofi affettati finemente, coprire con acqua, versare un cucchiaio di salsa di pomodoro e salare. Lasciare cuocere per circa 40-50 minuti e, quando il sugo è quasi cotto, versare la farina sciolta in un po' d'acqua.

Cette sauce assaisonne délicatement et finement le riz et beaucoup de types de pâtes.

1 oignon (petit), 4 artichauts italiens, 20 g de champignons secs, persil, ail, un peu de sauce tomate, huile d'olive, beurre, 1/2 verre de vin blanc sec, une cuillèrée de farine, sel.

Hâcher finement l'oignon, le persil, la gousse d'ail, les coeurs des jambes d'artichaut et les champignons déja trempés dans de l'eau tiède. Faire revenir le tout dans un peu d'huile d'olive et du beurre. Arroser de vin blanc. Mettre les artichauts coupés en fines tranches et démunis de leurs épines, recouvrir d'eau, ajouter une cuillère de sauce tomate et saler. Laisser mijoter 40 à 50 mns. Lier en fin de cuisson avec une cuillère à soupe de farine diluée dans un peu d'eau froide.

This is a delicate and rather subtle sauce to serve with rice and many kinds of pasta.

1 small onion; 4 artichokes (with hard outside leaves and chokes discarded); 20 grams of dried musnrooms; parsley; 1 clove of garlic; tomato sauce; olive oil; butter; half a glass of white wine; a tablespoon of flour; salt.

Chop finely the onion, parsley, garlic, the peeled stems of the artichokes, and the mushrooms, already soaked in warm water.
Fry the mixture gently in the oil and butter and sprinkle in the white wine. Then add the finely sliced artichokes, cover with water, add a tablespoon of tomato sauce and the salt. Cook for about 40 to 50 minutes and when the sauce is almost ready add the flour already mixed in a little water.

SALSA CHENDI

SAUCE CHENDI

CHENDI SAUCE

Adatta a condire sia gli spaghetti che le bistecche, è di facile e rapida preparazione.

200 grammi di olive verdi; 200 grammi di olive nere; 30 grammi di capperi; 1 spicchio d'aglio; 10 filetti di acciughe sott'olio o sotto sale; 1 cucchiaio di panna o 3 cucchiai di latte; 1 bicchiere di olio di oliva; 2 bistecche o 250 grammi di spaghetti.

Mentre le bistecche o gli spaghetti cuociono, snocciolare le olive e tritarle insieme ai capperi e alle acciughe. Intanto, in un tegamino, si sarà messo l'olio di oliva a scaldare: quando è ben caldo, gettare il tritato e lo spicchio d'aglio intero e far rosolare per non più di 30 secondi, versare quindi la panna o, in mancanza, il latte. Servire la bistecca coperta di salsa oppure usarla per condire gli spaghetti.

Assaisonne aussi bien les spaghetti qu'un bifteck; sa préparation est facile et rapide.

200 g d'olives vertes, 200 g d'olives noire, 30 g de capres, une gousse d'ail, 10 filets d'anchois à l'huile ou au sel, une cuillère à soupe de crème fraiche ou 3 cuillères à soupe de lait, un verre d'huile d'olive, 2 biftecks, ou 250 g de spaghetti.

Pendant que cuisent les biftecks ou les spaghetti, dénoyauter les olives et les hâcher avec les capres et les anchois. Faire chauffer dans une petite casserole un peu d'huile; quand elle est bien chaude, y joindre le hâchis et une gousse d'ail entière. Ne laisser revenir pas plus de 30 secondes; y verser la crème ou à défaut, le lait. Servir la viande nappée de sauce ou en assaisonner les spaghetti.

This sauce can be served with spaghetti or steaks and is easily and quickly prepared.

200 grams of green olives; 200 grams of black olives; 30 grams of capers; 1 clove of garlic; 10 anchovy fillets; 1 tablespoon of cream or 3 tablespoons of milk; 1 glass of olive oil; 2 steaks or 250 grams of spaghetti.

While the steaks or the spaghetti are cooking, stone the olives and chop them with the capers and the anchovies. Meanwhile, heat the oil in a small saucepan and when it is hot add the chopped ingredients and a clove of garlic. Fry for not more than 30 seconds. Then add the cream or the milk. Serve the steaks covered with the sauce or use it with the spaghetti.

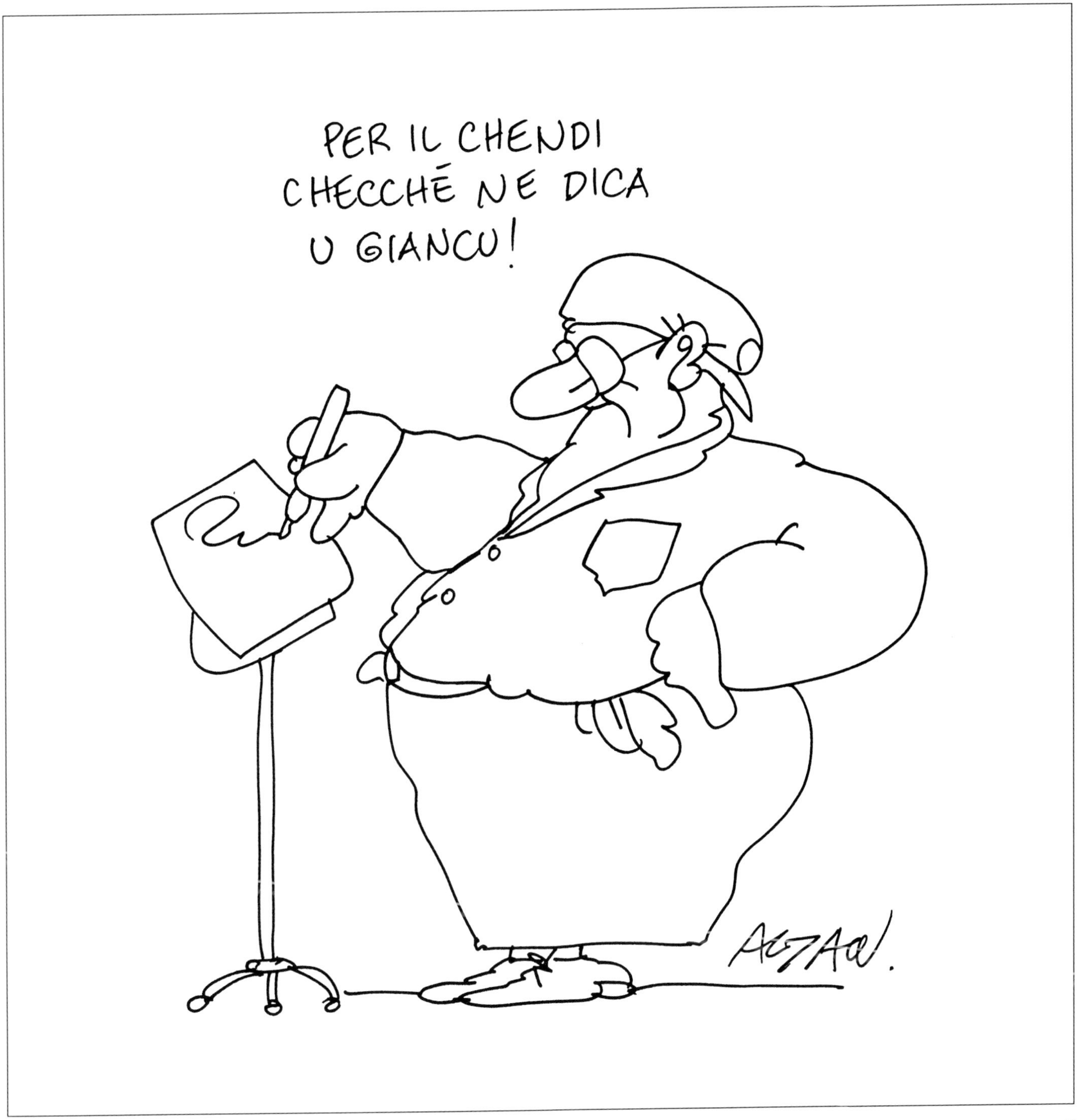
PER IL CHENDI
CHECCHÉ NE DICA
U GIANCU!
ALTAN.

PESTO ALLA GENOVESE

PISTOU A LA GENOISE

GENOESE PESTO

Il pesto, la più classica delle salse liguri, è ottima per condire trenette, gnocchi e trofie. Nella preparazione sarebbe bene escludere gli arnesi di metallo.

4 mazzi di basilico; 2 spicchi d'aglio; 1 cucchiaio di pinoli; 1 manciata di parmigiano; 5 cucchiai di olio di oliva; 100 grammi di quagliata; poco sale grosso.

Pulire e lavare le foglie di basilico, metterle nel mortaio di marmo con l'aglio, il sale grosso, e i pinoli. Pestare bene e a lungo. Aggiungere il formaggio e continuare a battere fino ad ottenere una pasta omogenea. Unire la quagliata, rimescolare il tutto, diluire con un goccio d'acqua tiepida e aggiungere infine l'olio di oliva.

Le pistou est la sauce de Ligure la plus classique. Elle est parfaite pour accomoder les trénettes, les gnocchi ou les trofie. Pour sa préparation, il faudrait exclure tout instrument en métal.

4 bouquets de basilic, 2 gousses d'ail, 1 cuillère à soupe de pignons, 1 poignée de parmesan, 5 cuillères à soupe d'huile d'olive, 100 g de fromage frais, du gros sel.

Laver et trier les feuilles de basilic, les mettre dans un mortier en marbre avec l'ail, le gros sel et les pignons. Piler soigneusement, ajouter le parmesan tout en continuant de travailler cette pâte jusqu'à qu'elle soit bien homogène. Mettre le fromage blanc dilué dans une goutte d'eau tiède, et ajouter enfin l'huile d'olive.

Pesto, the classic Ligurian sauce, is excellent for serving with trenette (ribbon noodles), gnocchi or trofie (small twirls of pasta). It is advisable not to use a metal pan for making it.

4 bunches of basil; 2 cloves of garlic; 1 tablespoon of pine nuts; a handful of grated parmesan cheese; 5 tablespoons of olive oil; 100 grams of curd cheese; a little coarse salt.

Clean and wash the basil leaves and put them in a marble mortar with the garlic, the coarse salt and the pine nuts. Pound them thoroughly with the pestle. Add the grated cheese and continue to crush the mixture until it's reduced to a smooth paste. Add the curd cheese, mix it all together, dilute with a drop of warm water and finally add the oil.

SALSA DI NOCI

SAUCE AUX NOIX

NUT SAUCE

Tipica salsa della Riviera Ligure di Levante, si usa per condire i "pansoti", grossi cappelletti ripieni di verdure.

500 grammi di noci; 1 spicchio d'aglio; la mollica di un panino; latte; maggiorana; 6 cucchiai di olio oliva; sale.

Rompere le noci e, possibilmente, togliere ai gherigli anche la pellicola scura (immergendole in acqua bollente). Pestarle a lungo nel mortaio con l'aglio e la maggiorana; diluire la poltiglia ottenuta con un po' di latte; contemporaneamente mettere la mollica a bagno nel latte bollente indi unire il tutto amalgamando molto bene. Salare e aggiungere l'olio di oliva.

Cette sauce est vraiment typique à la côte Est de la Ligure, et elle est née pour accompagner les "Pansoti".

500 g de noix, 1 gousse d'ail, de la mie de pain, du lait, de la marjolaine, 6 cuillères à soupe d'huile d'olive, sel.

Casser les noix et enlever la 2 ème peau au cerneaux (en les ébouillantant). Piler au mortier avec l'ail et la marjolaine. Diluer cette bouillie avec un peu de lait pendant que vous ferez tremper la mie de pain dans du lait bouilliant. Mélanger le tout de façon très homogène, saler et ajouter l'huile d'olive.

This is a typical sauce of the Eastern Ligurian Riviera and is served with «pansoti», a kind of ravioli stuffed with greens.

500 grams of walnuts; 1 clove of garlic; the soft part of a bread roll; milk; marjoram; 6 tablespoons of olive oil; salt.

Shell and blanch the nuts. Pound them with the pestle in the mortar together with the marjoram and garlic. Dilute the resulting mixture with a little milk and at the same time soak the soft bread in boiling milk. Then mix them all together very thoroughly. Finally mix in the salt and the olive oil.

SUGO DI FUNGHI

SAUCE AUX CHAMPIGNONS

MUSHROOM SAUCE

Viene adoperato per condire pasta fresca in generale e ravioli magri. Per essere apprezzato a pieno andrebbe preparato con funghi freschi o surgelati, ma è buono anche con i funghi secchi.

30 grammi di funghi secchi oppure 300 grammi di funghi porcini freschi o surgelati; 250 grammi di pomidori pelati; 1 cipolla piccola; 1 ciuffetto di prezzemolo; 1 rametto di timo; 1 spicchio di aglio; 1 bicchiere di olio di oliva; sale.

Tritare la cipolla, il prezzemolo, il timo e l'aglio e rosolarli nell'olio. Aggiungere i pomodori pelati e tritati. Pulire i funghi, se secchi metterli prima a bagno in acqua calda. Aggiungete i funghi a fettine, versare ancora 3 cucchiai di olio, salare e lasciare cuocere a fuoco basso per circa mezz'ora.

Cette sauce est généralement employée pour assaisonner les pâtes fraîches ou les ravioli maigres. Pour exhaler le maximum de parfum, utiliser des champignons frais ou congelés.

30 g de champignons secs ou 300 g de champignons frais ou congelés, 250 g de tomates pelées, un oignon, 1 peu de persil, une branche de thym, une gousse d'ail, 1 verre d'huile d'olive, sel.

Hâcher l'oignon, le persil, le thym et l'ail et les faire revenir dans un peu d'huile d'olive. Ajouter les tomates pelées et concassées. Nettoyer les champignons-s'ils sont secs, les faire tout d'abord tremper dans de l'eau chaude. Les ajouter à la poêle après les avoir coupés en morceaux; verser 3 cuillères à soupe d'huile d'olive, saler et laisser cuire à feu doux pour environ 1/2 h.

This is usually served with fresh pasta and greens-stuffed ravioli. For the best results fresh or frozen mushrooms should be used but one can make do with dried mushrooms.

30 grams of dried mushrooms or 300 grams of fresh or frozen «porcini» (boletus) mushrooms; 250 grams of peeled tomatoes; a small onion; a small bunch of parsley; a sprig of thyme; a clove of garlic; a glass of olive oil; salt.

Chop the onion, parsley, thyme and garlic and brown them slightly in the oil. Add the chopped peeled tomatoes. Clean the mushrooms — if dried soak in warm water. Add the sliced mushrooms to the pan with the already partially cooked ingredients, add three tablespoons of oil and the salt and cook gently over low heat for about half an hour.

© 1983 United Feature Syndicate, Inc.

SUGO DI ARSELLE

SAUCE AUX MOULES

MUSSEL SAUCE

Molto appetitoso, specialmente durante la stagione estiva.

1 chilogrammo di arselle; una manciata di olive; qualche cappero; 2 o 3 pomidori pelati; origano; olio extra vergine di oliva Rivano; sale; 1 mazzetto di prezzemolo.

Dopo aver aperto i gusci delle arselle colare l'acqua stessa prodotta dai molluschi e conservarla. Mettere in una pentola le arselle aperte e aggiungere un cucchiaio di olio di oliva, i pelati spezzettati con le mani, i capperi, le olive, qualche pizzico di origano, l'acqua delle arselle. Lasciar cuocere per circa mezz'ora a fuoco allegro.
Con questo sugo si condiscono gli spaghetti lessati e saltati in padella con l'aggiunta di un po' di prezzemolo tritato.

Très appréciée surtout en été.

1 kg de moules, une poignée d'olives, quelques capres, 2 ou 3 tomates pelées, de l'origan, huile d'olive extra vierge Rivano, sel, 1 bouquet de persil.

Après avoir ouvert les moules, récupérer leur eau. Mettre les moules, une cuillère d'huile d'olive, les tomates pelées et, concassées, les capres, les olives, quelques pincées d'origan, un peu du jus de moules, dans une casserole à feu vif pour 1/2 heure environ.
Cette sauce est parfaite pour assaisonner des spaghetti qui préalablement blanchis seront sautés dans cette sauce pour quelques minutes, et servi avec un peu de persil hâché.

Delicious, especially in summertime.

1 kilo of mussels; a handful of olives; a few capers; 2 or 3 peeled tomatoes; origan; Rivano virgin olive oil extra; salt; a bunch of parsley.

After opening the shells of the mussels drain off the liquid or water from them and keep it one side. Put the open mussels in a saucepan with a tablespoon of olive oil, the peeled tomatoes already crushed by hand, the capers, olives, a pinch or two of origan, the liquid from the mussels. Cook over a high heat for about half an hour. This sauce is served with spaghetti already boiled and heated altogether quickly in a pan adding a little chopped parsley.

TORTINO
DI FINFERLI

TOURTE
AUX FINFERLI

WILD
MUSHROOM PIE

I finferli in Liguria sono conosciuti con il nome di galletti. Questo piatto, preparato con questi particolari funghi, ha lo charme di molti piatti francesi.

Per la sfoglia: 200 grammi di farina, 1 uovo, una noce di burro, 2 cucchiai di olio di oliva, acqua.

Per il ripieno: Chilogrammi 1,5 di finferli, 2 piccoli scalogni, 2 cucchiai di olio, una noce di burro, un pugno di aglio e prezzemolo tritati, 3 cucchiai di panna, 3 tuorli di uovo, una manciatina di parmigiano, sale e pepe.

Impastare la farina con l'olio, il burro, l'uovo e l'acqua fino ad ottenere un impasto omogeneo e morbido che si lascerà riposare coperto per un'oretta.
Tagliare finemente gli scalogni e rosolarli leggermente con il burro e l'olio, aggiungere quindi i finferli tagliati a fettine sottili, salarli e peparli.
Lasciarli cuocere per una ventina di minuti; a cottura ultimata unire il prezzemolo e l'aglio tritati, lasciar quindi raffreddare.
Spolverizzare i funghi con una manciatina di farina, unire la panna, mescolare e legare infine con i tuorli d'uovo. Tirare una sfoglia sottilissima e versarvi su l'impasto, ricoprire con un'altra sfoglia, ungerla di olio e cuocere in forno a 200° per 15/20 minuti finché non avrà preso un bel colore dorato.

Les "finferli" (champignons sauvages) sont connus en Ligurie sous le nom de "galletti". Ce plat, préparé avec ces champignons particuliers, a le charme de nombreux plats français.

Pour la pâte: 200 g de farine, 1 oeuf, une noix de beurre, 2 cuillères d'huile, eau.

Pour la farce: 1,5 kg de "finferli" (champignons sauvages), 2 petites échalotes, 2 cuillères d'huile, une noix de beurre, une poignée d'ail et de persil hachés, 3 cuillères de crème fraîche, 3 jaunes d'oeuf, une pincée de parmesan, sel ot poivre.

Pétrissez la farine et l'huile, le beurre, l'oeuf et l'eau jusqu'à ce que le mélange soit homogène et mou. Couvrez finement les échalotes et faites-les légèrement rissoler dans le beurre et l'huile, puis ajouter les champignons coupés en fines lamelles, salez et poivrez.
Laissez cuire pendant environ 20 minutes et en fin de cuisson ajouter le persil et l'ail hachés puis laissez refroidir.
Saupoudrez les champignons avec une poignée de farine, ajoutez la crème fraîche et enfin mélangez avec les jaunes d'oeuf. Etalez la pâte jusqu'à ce qu'elle soit très fine et versez-y la farce, recouvrez avec de la pâte, badigeonnez-la d'huile et faîtes cuire au four à 200° pendant 15 à 20 minutes jusqu'à ce que la tourte soit dorée.

The wild mushrooms known as "finferli" are called "galletti" in Liguria. This dish prepared with these particular mushrooms has the charm of many French recipes.

For the pastry: 200 grams of flour, 1 egg, a knob of butter, 2 spoonfuls of olive oil, water.

For the filling: 1 1/2 kilo of "finferli" (wild mushrooms) 2 small shallots, 2 spoonfuls of olive oil, a knob of butter, a handful of chopped parsley and garlic, 3 spoonfuls of cream, 3 egg yolks, a handful of grated parmesan cheese, salt and pepper.

After mixing the flour, oil, butter and water to a soft, smooth dough, cover with a cloth and put it aside to set for about one hour.
Chop the shallots finely and sauté gently in butter and oil and then add the mushrooms, cut into thin slices, and saison with salt and pepper.
Cook for about twenty minutes and then add the finely chopped parsley and garlic. Set aside to cool.
When cool, sprinkle with a handful of flour and add the cream (or milk , if preferred). Mix and bind with egg yolks.
Roll the pastry out until very thin. Taking about half of the pastry spread the mushroom mixture over it. Cover with another layer of pastry. Brush over with oil.
Place on a baking tin and bake in the oven at 200° for 15 to 20 minutes.

CONIGLIO IN UMIDO

LAPIN EN COCOTTE

RABBIT STEW

Piatto semplice di origine contadina, ma eccellente se preparato a dovere.

1 coniglio; alloro, rosmarino, salvia, timo; 1 spicchio d'aglio; 1 cipolla; 1 carota; vino bianco secco; una manciata di pinoli; una manciata di olive nere; due pomidori pelati; 1 noce di burro; olio di oliva; sale.

Pulire e tagliare a pezzi il coniglio e lasciarlo immerso per 3 o 4 ore nel vino bianco aromatizzato con salvia, alloro, timo, rosmarino. Preparare un trito con rosmarino, salvia, aglio, cipolla e carota e metterli a soffriggere in padella con olio di oliva e burro. Aggiungete quindi il coniglio a pezzi, fate rosolare e ogni tanto spruzzate con vino bianco. Lasciar evaporare il vino e poi mettere l'alloro, il timo, i pomidori pelati, le olive, i pinoli, salare e coprire d'acqua. Lasciar cuocere a fuoco lento per un'ora e mezza.

Plat campagnard mais excellent si préparé comme il se doit.

1 lapin, laurier, romarin, sauge, thym, 1 gousse d'ail, 1 oignon, 1 carotte, du vin blanc sec, une poignée de pigons, une poignée d'olives noires, 2 tomates pelées, 1 noix de beurre, de l'huile d'olive et du sel.

Préparer et couper le lapin en morceau, le faire mariner 3 à 4 heures dans le vin blanc aromatisé par le laurier, la sauge, le romarin et le thym. Puis faire revenir les morceaux de lapin dans une poèle où l'on aura fait chauffer du thym, du laurier, du romarin, de la sauge, l'ail, l'oignon et une carotte dans de l'huile et du beurre. Arroser de temps à autre avec le vin blanc. Quand le vin s'est évaporé, ajouter les tomates pelées, les olives, les pignons, le sel et recouvrir d'eau; laisser cuire une demi-heure à feu doux.

A simple peasant dish but excellent if well prepared.

1 rabbit; bay leaf, rosemary, sage, thyme; 1 clove of garlic; 1 onion; 1 carrot; dry white wine; a handful of pine nuts; a handful of black olives; 2 peeled tomatoes; a lump of butter; olive oil; salt.

Clean and wash the rabbit and cut it into serving pieces. Let it marinade for 3 or 4 hours in the white wine with the sage, bay leaves, rosemary and thyme. Chop together some more thyme, bay leaf, sage, garlic, onion and carrot and saute the mixture in a pan with olive oil and butter. Then add the pieces of rabbit, brown them, sprinkling with white wine from time to time. Let the wine evaporate and add the peeled tomatoes, the olives, the pine nuts and season with salt and cover with water. Cook over a slow heat for 1 hour and a half.

TRIPPE ALLA SCIABECCA

TRIPES A LA SCIABECCA

TRIPE À LA XEBEC

Il nome di questo piatto ricorda le navi a vela triangolare di derivazione moresca, che per tanto tempo hanno navigato nel golfo di Genova.

800 grammi di trippe miste già cotte; 200 grammi di carne di vitellone; 1 cipolla; 1 carota; 1 gambo di sedano; 1 spicchio d'aglio; 1 ciuffo di prezzemolo; 2 foglie di alloro; 1 bicchiere di olio di oliva; 1 bicchiere di vino bianco secco; 50 grammi di parmigiano grattugiato; sale.

Lavare e tagliare sottilmente le trippe. Tritare le verdure e rosolarle nell'olio con le trippe. Aggiungere il vino bianco e far evaporare. Unire acqua o brodo e far cuocere per mezz'ora. Tagliare a pezzi la carne, aggiungerla alle trippe con le foglie di alloro e altro liquido (acqua o brodo). Far cuocere per un'altra ora. Servire con parmigiano grattugiato.

Le nom de ce plat rapelle les bateaux à voile du type moresque qui ont longtemps croisés le golfe de Gènes.

800 g de tripes déjà blanchies; 200 g de boeuf; 1 oignon; 1 carotte; un morceau de céleri; 1 gousse d'ail; du persil; 2 feuilles de laurier; 1 verre d'huile d'olive; 1 verre de vin blanc sec; 50 g de parmesan râpé; du sel.

Laver et couper les tripes; hâcher les légumes et les faire revenir dans l'huile avec les tripes. Ajouter le vin blanc, le laisser évaporer. Ajouter de l'eau ou du bouillon et laisser cuire une demi heure. Couper en morceau la viande, l'ajouter aux tripes en humidifiant toujours avec un peu d'eau ou de bouillon. Servir avec du parmesan râpé.

This dish is named after the old three-masted, lateen-rigged Mediterranean ships of the Moors which used to sail in the waters of the gulf of Genoa.

800 grams of mixed already cooked tripe; 200 grams of beef; 1 onion; 1 carrot; 1 celery stalk; 1 clove of garlic; a bunch of parsley; 2 bay leaves; 1 glass of olive oil; a glass of dry white wine; 50 grams of grated parmesan cheese; salt.

Wash and cut the tripe up finely. Chop the vegetables and brown them in the oil with the tripe. Add the white wine and let it evaporate. Add water or stock and cook for half and hour. Cut up the meat and add it to the tripe with the bay leaves and some more water or stock. Cook for another hour. Serve with grated parmesan cheese.

TOMASELLE

Il piatto, il cui nome deriva dal tardo latino "tomaculum", specie di salsicciotto, è entrato nella storia di Genova poichè fu servito durante l'assedio dell'anno 1800 a un gruppo di ufficiali austriaci fatti prigionieri.

8 fettine di vitello magro; 2 uova; 300 grammi di carne tritata; 1 cipolla; poca maggiorana; 50 grammi di parmigiano grattugiato; 50 grammi di funghi secchi; poco prezzemolo; mezzo spicchio d'aglio; 1 pugno di pinoli; 200 grammi di piselli sgranati; salsa di pomodoro; vino bianco secco; 1 bicchiere di olio extra vergine di oliva Rivano; sale; 1 dado.

Ammollare i funghi in acqua tiepida, scolarli e tritarli. In una terrina mettere le uova, il parmigiano, la maggiorana, l'aglio e il prezzemolo tritati, i pinoli, i funghi e la carne tritata; salare e amalgamare bene. Battere le fettine di carne, sistemare su di esse il ripieno. Avvoltolarle e fermarle con del filo bianco. Tritare la cipolla e farla appassire nell'olio. Unire quindi le tomaselle, farle rosolare, spruzzarle con vino e allungare con poco brodo di dado. Aggiungere i piselli, la salsa di pomodoro. Salare. Far cuocere per mezz'ora circa, bagnando con brodo qualora il sugo si restringa troppo.

Le mets dont est issu cette espèce de paupiette qui vient du latin "tomaculum", est passer dans l'histoire lors du siège de Gènes en 1800 alors qu'il fut servi à un groupe d'officiers autrichiens retenus prisionniérs.

8 escalopes de veau maigre, 2 oeufs, 300 g de viande de boeuf hâchér, 1 oignon, un peu de marjolaine, 50 g de parmesan rapé, 50 g de ceps secs, un peu de persil, 1/2 gousse d'ail, 1 poignée de pignons, 200 g de petits pois égrainés, de la sauce tomate, du vin blanc sec, un verre d'huile d'olive extra vierge Rivano, sel, un bouillon cube.

Faire tremper les champignons secs dans de l'eau tiède, puis les égoutter et les hâcher finement. Dans une terrine mettre les oeufs, le parmesan, la marjolaine, l'ail et le persil hâché, les pignons, les champignons et la viande hâchée; saler et bien mélanger. Battre les escalopes pour obtenir des tranches bien fines, les farcir et les rouler en les serrant par du fil. Former ainsi des paupiettes de veau. Hâcher l'oignon et le faire rissoler dans de l'huile, puis faire revenir les "tomaselle"; les arroser de vin blanc puis allonger avec un peu de bouillon (eau et bouillon cube). Ajouter les petits pois et la sauce tomate. Saler. Laisser cuire une demi heure environ en rajoutant du bouillon si besoin est.

The name of this dish derives from the Latin "tomaculum", a kind of big sausage, and first appeared in the history of Genoa when it was served during the siege of 1800 to a group of Austrian officers who had been taken prisoners.

8 slices of lean veal; 2 eggs; 300 grams of minced meat; 1 onion; a little marjoram; 50 grams of grated parmesan cheese; 50 grams of dried mushrooms; a little parsley; 1/2 a clove of garlic; a handful of pine nuts; 200 grams of shelled peas; tomato sauce; dry white wine; a glass of Rivano virgin olive oil extra; salt; 1 soup cube.

After soaking the mushrooms in warm water, drain and chop them. In a bowl mix the eggs, the parmesan cheese, the marjoram, the garlic, the chopped parsley, the pine nuts, the mushrooms and the minced meat; season with salt and mix thoroughly. Beat and flatten out the slices of veal. Spread the mixed ingredients over each slice. Roll them up and tie with white cotton. Sauté the chopped onion in oil. Add the "tomaselle", or rolled and stuffed veal, and brown them. Sprinkle the white wine over them and add stock made from the soup cube. The peas and tomato sauce are then added. Season with salt. Cook for about half an hour, adding stock when the gravy or sauce is too reduced.

con
affetto

HUGO
PRATT

PREBOGGION SALTATO CON L'AGLIO E L'OLIO

PREBOGGION SAUTÉ À L'AIL ET À L'HUILE

FRIED GREENS WITH GARLIC AND OIL

Il preboggion è un insieme di erbe commestibili selvatiche e coltivate: bietola, boraggine, radicchio selvatico, dente di cane, talegua, raperonzolo, pissarella.

1 chilogrammo e mezzo di preboggion; 1 spicchio d'aglio; 2 patate; olio di oliva extra vergine Rivano; sale.

Pulire e lavare accuratamente la verdura e lessarla in abbondante acqua salata. Scolarla e tagliarla grossolanamente. Quindi sbucciare e lessare le patate e, dopo averle tagliate a fette, metterle in padella con la verdura, lo spicchio d'aglio schiacciato e mezzo bicchiere di olio di oliva. Alzare il volume del fuoco e far saltare in padella per 10 minuti. Il preboggion saltato si accompagna egregiamente con le focaccette di polenta.

Le "Preboggion" est un mélange d'herbes sauvages et cultivées: blettes, chicorées sauvages, pissenlit, "talegua" "raperonzolo", "pissarella".

1 1/2 kg de preboggion, 1 gousse d'ail, 2 pommes de terre, huile d'olive extra vierge Rivano, sel.

Lever et trier la salade avec soin; blanchir dans de l'eau salée, l'égoutter et la couper grossièrement. Puis peler et blanchir les pommes de terre après les avoir couper en tranches. Mettre le tout dans une poêle avec la gousse d'ail écrasée et un demi verre d'huile d'olive, faire sauter à feu vif pour 10 minutes environ.
Le "Preboggion" sauté s'accompagne merveilleusement de fougasses de maïs.

Preboggion is a mixture of edible wild and cultivated greens such as beet leaves, borage, wild chicory, rampion and a few others.

1 kilo and a half of the mixed green vegetables and herbs; a clove of garlic; 2 potatoes; Rivano virgin olive oil extra; salt.

Wash and clean well the greens and boil in plenty of salted water. Drain and cut up roughly. Peel and boil the potatoes, cut into slices and put in a pan together with the greens, the crushed garlic and half a glass of olive oil. Fry over a high heat for 10 minutes. The preboggion can be served with slices of polenta.

Per U GIANCU

MELANZANE RIPIENE

AUBERGINES FARCIES

STUFFED AUBERGINES

Importata dall'Oriente dai marinai liguri, la melanzana (mela insana) rimase a lungo lontana dalle nostre mense, causa forse il sapore della sua polpa, non certo invitante, se consumata cruda. Ripiena, è gustoso antipasto.

12 piccole melanzane; 1 spicchio d'aglio; 2 uova; 200 grammi di quagliata; pane grattato; latte; 1 pugno di parmigiano grattugiato; origano; olio di oliva; sale.

Pulire e lessare le melanzane lasciando loro un pezzetto di picciolo. Dividerle a metà nel senso della lunghezza e toglierne la polpa. Tritarla finemente ed aggiungervi la quagliata, poco pane grattugiato lasciato a bagno nel latte, la manciata di parmigiano, il sale, un pizzico di origano, 4 cucchiai di olio di oliva. Rimestare bene l'impasto e con esso riempire le mezze melanzane. Adagiarle in un tegame ben unto, lasciare cadere su di esse un po' di origano, infornare e cuocere per circa un'ora. Lasciarle raffreddare e servire.

Importée d'orient par les marins ligures, l'aubergine resta pour lontemps à l'écart de notre table, peut-être à cause de la saveur forte de sa chair lorsqu'elle est consommée crue. Farcie, c'est une très goutteuse entrée.

12 petites aubergines, 1 gousse d'ail, 2 oeufs, 200 g de fromage blanc, sel, de la chapelure, du lait, une poignèe de parmesan, origan, huile d'olive.

Lever et pocher les aubergines, leur laisser un petit morceau de pédoncule. Les ouvrir en deux dans le sens de la longueur et les vider de leur chair. Hâcher celle-ci finement, ajouter le fromage blanc, la chapelure imbibée de lait, le parmesan, le sel, un soupçon d'origan, 4 cuillères à soupe d'huile d'olive. Mélanger et en farcir les aubergines. Placer dans un plat huilé allant au four. Parsemer de très peu d'origan et enfourner pour environ une heure à four chaud. Servir froid.

Ligurian sailors brought aubergines from the Orient. The vegetable was called "Melanzana" - *mela insana*, translated into English is literally "unhealthy apple".
This was because of the not very pleasant taste of the raw vegetable. But cooked and stuffed it is a tasty hors d'oeuvres.

12 small aubergines; a clove of garlic; 2 eggs; 200 grams of curd cheese; bread crumbs; milk; a handful of grated parmesan cheese; origan; olive oil; salt.

Clean and boil the aubergines. Cut in half length-wise, leaving a bit of stem and scoop out the pulp. Chop the pulp finely adding the curd cheese, some bread crumbs already soaked in milk, the parmesan, the salt, a pinch of origan, and four tablespoons of olive oil. Mix these ingredients together and fill the aubergines. Place in a well greased pan, sprinkle a little origan over them and bake for about an hour. Cool and serve cold.

CONDIGGION

CONDIGGION

MIXED SALAD

Il condiggion classico altro non è che un'insalata mista molto appetitosa soprattutto nelle calde giornate estive.

2 pomidori non troppo maturi; mezzo cetriolo; mezzo peperone giallo non piccante; 3 cipolline fresche dolci; mezzo spicchio d'aglio; un pugno di olive nere; qualche acciuga sott'olio o sotto sale diliscata; qualche foglia di basilico; 50 grammi di tonno sott'olio; 1 uovo sodo; 50 grammi di parmigiano; 1 bicchiere d'olio di oliva extra vergine Rivano; sale quanto basta, un po' di origano; aceto.

Pulire e affettare tutte le verdure, sbriciolare il tonno, tagliare a fette l'uovo sodo, fare scaglie di parmigiano, tritare le acciughe e il basilico. Prendere una terrina e sfregarla con l'aglio, mettervi tutti gli ingredienti, condire bene con sale e olio e una spolverata di origano e servire. È facoltativo aggiungere un po' di aceto.

Le condiggion classique est une salade mixte très alléchante surtout pendant les chaudes journées estivales.

2 tomates pas trop mûres, 1/2 concombre, 1/2 poivron jaune doux, 3 cébettes, 1/2 gousse d'ail, une poignèe d'olives noire, quelques anchois à l'huile ou au sel, quelque feuilles de basilic, 50 g de thon à l'huile, un oeuf dur, 50 g de parmesan, un verre d'huile d'olive extra vierge Rivano, sel à volonté, un peu d'origan, du vinaigre.

Laver et couper les légumes, émietter le thon, couper en tranches l'oeuf dur, émietter des petits bouts de parmesan, hâcher les anchois et le basilic, frotter le fond d'une jatte avec l'ail, y mettre tous les ingredients, assaisonner de sel, d'huile, saupoudrer d'origan et servir. Si on le désire, on peut ajouter un peu de vinaigre.

Condiggion is a delicious mixed salad especially enjoyable on a hot summer's day.

2 firm tomatoes (not over ripe); 1/2 cucumber; 1/2 sweet yellow pepper; 3 fresh spring onions; 1/2 clove of garlic; a handful of black olives; a few anchovy fillets; a few leaves of basil; 50 grams of tuna fish in oil; 1 hard boiled egg; 50 grams of parmesan cheese; 1 glass of Rivano virgin olive oil extra; salt: origan; vinegar.

Clean and slice or chop all the vegetables, flake the tuna, slice the hard-boiled egg, flake the parmesan, finely chop the anchovies and the basil. Rub a salad bowl with the garlic and arrange in the bowl all the ingredients. Add the salt and oil and top with a sprinkling of origan. To taste vinegar can be added.

for "U GIANCU" Best wishes, Milton Caniff

MESC-CIUA

In origine era il piatto dei poveri, preparato con cereali e granaglie che, durante le operazioni di carico e scarico delle navi, sfuggivano dai sacchi.

200 grammi di fagioli bianchi; 200 grammi di ceci; 200 grammi di farro oppure orzo oppure grano; 2 bicchieri di olio di oliva; abbondante pepe nero, sale.

Il giorno precedente mettere a bagno i legumi separatamente. Cuocerli anche separatamente. Scolare ceci e farro a cottura avvenuta e aggiungerli ai fagioli e alla loro acqua. Terminare la cottura assieme per circa 10 minuti. Scodellare irrorando con olio abbondante e pepe nero macinato.

A l'origine, c'était le plat des pauvres, préparé avec le blé et autres céréales qui tombaient des sacs lors du déchargement des navires.

200 g de haricots blanc, 200 g de pois chiche, 200 g d'épeautre, d'orge ou de blé, 2 verres d'huile d'olive, poivre et sel.

La veille mettre à tremper les légumes dans des récipients différents. Les cuire aussi individuellement. Egoutter les pois chiche et l'épeautre une fois cuits et les ajouter au haricots blancs dans leur eau de cuisson. Laisser encore cuire 10 mns environ puis servir dans une assiette creuse arroser d'huile et poivrer.

Originally this was a poor man's dish, made with cereals and corn or grain spilt out of sacks being loaded onto, or unloaded from, ships.

200 grams of haricot beans; 200 grams of chick peas; 200 grams of wheat (spelt) or barley or corn; 2 glasses of olive oil; plenty of black pepper; salt.

Soak the vegetables separately the day before. Boil them separately, too. Strain the chick peas and wheat when cooked and add them to the beans in the water they were cooked in. Boil everything together for about ten minutes. Drain the mixture sprinkling it with lots of oil and black pepper.

RATATUIA

RATATOUILLE A LA GENOISE

RATATOUILLE

Piatto tipico ligure, è ottimo consumato da solo, ma si accompagna anche ai lessi.

2 carote; 1 piccolo sedano; 1 cipolla; 4 zucchine; 300 grammi di fagiolini; 2 melanzane grosse; 2 peperoni grossi (uno rosso e uno giallo); 400 grammi di pomidori pelati; qualche foglia di basilico; 1 spicchio d'aglio; olio di oliva; sale.

In una pentola di terracotta fare un leggero soffritto con l'olio di oliva e cipolla e aglio tritati. Versare quindi tutta la verdura, tranne le zucchine, pulita, tagliata a pezzi non troppo piccoli, i fagiolini a metà cottura, le foglie di basilico, i pomidori pelati passati al setaccio e salare. Dopo circa 20 minuti di cottura aggiungere le zucchine e lasciare cuocere ancora per circa mezz'ora.

Plat typique de ligure à manger seul ou pour accompagner de la viande bouillie, du pot au feu.

2 carottes, 1 petit céleri, 1 oignon, 4 courgettes, 300 g de haricots verts, 2 grosses aubergines, 2 poivrons (1 rouge et 1 jaune), 400 g de tomates pelées, quelques feuilles de basilic, une gousse d'ail, huile d'olive, sel.

Dans une casserole de terre cuite, faire revenir dans un peu d'huile d'olive, un oignon et une gousse d'ail. Y ajouter à l'exception des courgettes, tous les légumes lavés, coupés en morceaux pas trop petits, les haricots verts mi-cuits, les feuilles de basilic, les tomates pelés égouttées. Saler et laisser mijoter 20 mns, ajouter les courgettes et cuire encore une demi heure environ.

It is a typical Ligurian dish which is excellent eaten on its own or can be served with boiled meats.

2 carrots; a small stick of celery; 1 onion; 4 courgettes; 300 grams of French beans; 2 large aubergines; 2 large peppers (1 red and 1 yellow); 400 grams of peeled tomatoes; a few leaves of basil; a clove of garlic; olive oil; salt.

Sauté the chopped onion and garlic in olive oil in a terracotta pan. Add the chopped vegetables (except the courgettes), the half-cooked French beans, the basil leaves and the sieved peeled tomatoes. Season with salt. After sautéing for about 20 minutes add the courgettes and cook for about another half hour.

CAPPELLE DI OVULI AL FORNO CON LE PATATE

CHAPEAUX D'ORONGE AU FOUR SUR LIT DE POMMES DE TERRE

MUSHROOM CAPS BAKED WITH POTATOES

L'ovulo, fungo già prediletto da Giulio Cesare, nobilita eccezionalmente la patata ed è a sua volta arricchito dal gusto di quest'ultima.

6/8 ovuli di media grandezza; un ciuffo di prezzemolo; 1 spicchio d'aglio; 300 grammi di patate; olio di oliva; sale.

Dopo aver sbucciato le patate, tagliarle a fettine sottilissime e stenderle in un tegame oliato. I funghi devono essere ben puliti: togliere bene la terra che si cela tra le lamelle usando l'acqua il meno possibile per non inzupparli. Tagliare i gambi e tritarli con il prezzemolo e l'aglio. Con il trito cospargere le patate e salare. Coprire con le cappelle di fungo. Salare, oliare e disporvi il restante trito. Far cuocere a tegame coperto, a fuoco medio, per una ventina di minuti.

L'oronge, le champignon de prédilection de Jules César, anoblit fantastiquement les pommes de terre en les enrichissant de son goût.

6 à 8 oronges moyennes, un bouquet de persil, une gousse d'ail, 300 g de pommes de terre, de l'huile d'olive, du sel.

Après avoir épluché les pommes de terre, les couper en tranches très fines et en recouvrir le fond d'un plat huilé allant au four. Les champignons doivent être bien nettoyer: enlever avec soin la terre enfilée entre les lamelles du chapeau en utilisant le moins d'eau possible. Couper les pieds, les hâcher avec le persil et l'ail. Parsemer le mélange sur les pommes de terre, saler. Disposer les chapeaux d'oronge par dessus, le reste du hâchis puis y faire couler un peu d'huile. Faire cuire 20 mns environ à four moyen.

The mushroom used for this dish *amanita cesarea* was the favourite mushroom of Julius Caesar and in this dish lends itself to improve and enrich the humble potato and at the same time its taste is enriched by the potato.

6-8 mushrooms of medium size; a bunch of parsley; a clove of garlic; 300 grams of potatoes; olive oil; salt.

Peel the potatoes and slice them finely. Place the slices on a well oiled pan. Clean the mushrooms thoroughly taking care to remove any soil under the caps, using as little water as possible so that the mushrooms are not soaked. Chop the stems of the mushrooms with the parsley and garlic and spread over the potatoes, seasoning with salt. Cover with the mushroom caps. Sprinkle with some salt and oil and spread over the rest of the chopped ingredients. Cover the pan and cook over a moderate heat for about 20 minutes.

77

FUNGHI A FUNGHETTO

CHAMPIGNONS A LA FOUNGUETO

MUSHROOMS WITH GARLIC AND HERBS

A funghetto: sta a indicare che non devono essere molto grandi, quindi si consiglia di usare funghi giovani.

600 grammi di funghi porcini; mezzo bicchiere di olio di oliva; uno spicchio d'aglio; un ciuffo di prezzemolo; 1 pizzico di origano; 1 pomodoro fresco molto maturo; sale.

In una casseruola, soffriggere nell'olio di oliva l'aglio e il prezzemolo tritati, unire i funghi puliti, lavati e tagliati a fettine, il pomodoro (è facoltativo: volendo, si può omettere), bagnarli con poca acqua e portarli a giusta cottura. Prima di toglierli dal fuoco aggiungere l'origano e il sale. Mescolare e servire.

Utiliser pour la préparation à "foungueto" plutôt des champignons jeunes.

600 g de ceps, un demi verre d'huile d'olive, une gousse d'ail, un bouquet de persil, un pincée d'origan; une tomate pas trop mûre, sel.

Faire revenir dans une casserole l'ail et le persil hâché dans un peu d'huile d'olive, ajouter les champignons nettoyés et coupés en tranche, la tomate (qui reste facultative); mouiller avec un peu d'eau et laisser bien cuire à feu doux. En fin de cuisson, ajouter l'origan et le sel. Mélanger et servir.

Funghetto means small mushroom so it is advisable to use small young mushrooms.

600 grams of boletus mushrooms; 1/2 glass of olive oil; a clove of garlic; a bunch of parsley; a pinch of origan; 1 very ripe fresh tomato; salt.

Fry the garlic and finely chopped parsley in olive oil in a casserole; add the washed and sliced mushrooms and the chopped tomato (the tomato can be omitted). Add a little water and cook gently until the mushrooms are tender. Season with a pinch of origan and salt. Stir and serve.

FRITTELLE DI BIANCHETTI

BEIGNETS DE BIANCHETTI

WHITEBAIT FRITTERS

I bianchetti sono il novellame del "pesce azzurro" e sono così chiamati per il colore che assumono una volta lessati.

300 grammi di farina bianca; un ciuffo di prezzemolo; 250 grammi di bianchetti; acqua minerale; sale; olio di oliva.

Fare una pastella con farina, olio, acqua minerale, sale. Farla riposare almeno 2 ore. Tritare il prezzemolo. Pulire i bianchetti e amalgamarli alla pastella. Friggere a cucchiaiate in olio di oliva abbondante, badando che la temperatura dell'olio non sia troppo elevata.

Les "bianchetti", larves de poissons blancs, sont ainsi appelés car une fois cuits, ils deviennent tout blanc.

300 g de farine, huile d'olive, eau gazefiée, sel, du persil, 250 g de bianchetti.

Faire la pâte avec la farine, l'huile, l'eau minérale, le sel; la laisser reposer 2 heures; hâcher le persil, nettoyer les bianchetti, les incorporer à la pâte. Cuire par cuillérée dans l'huile d'olive en veillant à ce que la température de l'huile ne soit pas trop élevée.

The real "bianchetti" are the fry of the "blue fish" of the Mediterranean and are named "white" because they become white when boiled.

300 grams of white flour; a bunch of parsley; 250 grams of whitebait; mineral water; salt; olive oil.

Make a batter with the flour, oil, mineral water and salt. Leave for at least 2 hours. Chop the parsley. Wash and clean the whitebait and mix into the batter.
Drop spoonfuls of the fish in batter into deep olive oil, making sure that the oil is not too hot.

STOCCAFISSO ACCOMODATO

STOCKFISH A LA U GIANCU

DRIED SALT COD

Lo stoccafisso è giunto dal nord per via marittima e da Genova si è diffuso ovunque nelle aree mediterranee e continentali, tanto che per molto tempo si credette che i produttori di questo cibo fossero i liguri.

500 grammi di stoccafisso già bagnato; 300 grammi di patate; 5 foglie di bietole; 30 grammi di pinoli; 100 grammi di olive nere; 4 pomidori pelati; olio di oliva; 1 ciuffo di prezzemolo; 1 spicchio d'aglio; 1 cipolla; 1 carota; vino bianco secco.

Tritare finemente l'aglio, la cipolla, il prezzemolo e la carota e far soffriggere in una casseruola, spruzzare con il vino bianco, aggiungere lo stoccafisso che sarà stato precedentemente sbollentato e privato delle lische. Rimestare e aggiungere le patate tagliate a pezzi grossolani, i pomidori pelati, le bietole tagliate a striscioline, i pinoli, le olive e salare con parsimonia. Coprire con acqua e lasciar cuocere per circa 70-80 minuti a fuoco lento.

Le stockfish arrivé par voie maritime du grand nord, fut diffusé à partir de Gènes dans toutes les régions tant au bord de mer que dans les terres si bien que beaucoup crurent à un produit essentiellement Génois.

500 g de stockfish déjà trempé, 300 g de pommes de terre, 5 feuilles de blettes, 30 g de pignons, 100 g d'olives noires, 4 tomates pelées, huile d'olive, un bouquet de persil, 1 gousse d'ail, 1 oignon, 1 carotte, un verre de vin blanc sec.

Hâcher finement l'ail, l'oignon, le persil et la carotte, les faire revenir dans une casserole, ajouter le vin blanc sec et le stockfish préalablement blanchi et dont on aura soigneusement enlevé les arêtes. Mélanger, et ajouter les pommes de terre coupées en morceaux, les tomates pelées, les feuilles de blettes coupées en bande, les pignons, les olives noires. Saler légèrement. Recouvrir d'eau et laisser mijoter 70 à 80 mns.

Dried salt cod came over the seas from the north and from Genoa it reached out to the Mediterranean areas and inland so much so that for a long time it was believed that Ligurians were the producers of this fish.

500 grams of soaked salted cod; 300 grams of potatoes; 5 beet leaves; 30 grams of pine nuts; 100 grams of black olives; 4 peeled tomatoes; olive oil; a bunch of parsley; a clove of garlic; 1 onion; 1 carrot; dry white wine.

Chop the garlic, onion, parsley and carrot finely and sauté in a casserole, sprinkle with the white wine. Add the salt fish, already boiled and boned. Stir it and add roughly sliced potatoes, the peeled tomatoes, the beet leaves cut into strips, the pine nuts, the olives and season very lightly with salt. Cover with water and cook over a low heat for about 70-80 minutes.

ACCIUGHE RIPIENE

ANCHOIS FARCIS

STUFFED ANCHOVIES

Si possono servire anche fredde.

400 grammi di acciughe polpute; 2 uova; prezzemolo; aglio; pane grattato; un pizzico di parmigiano; 2 patate di media grandezza; olio d'oliva; mezzo bicchiere di latte; sale.

Pulire le acciughe, togliere la testa e interiora e aprirle diliscandole. Affettare sottilmente le patate e disporle in un tegame unto d'olio d'oliva. Disporre le acciughe sulle patate e coprirle con il seguente ripieno: aglio e prezzemolo tritati e sbattuti con le uova, il pizzico di parmigiano, il pan grattato che sarà stato precedentemente messo a bagno nel latte caldo. Cuocere nel forno per circa un'ora e mezza.

Ils peuvent être servis aussi bien chaud que froid.

400 g de beaux anchois, 2 oeufs, persil, ail, chapelure, 2 pommes de terre moyennes, huile d'olive, un demi verre de lait, sel, une pincée de parmesan.

Nettoyer les anchois en leur enlevant la tête, les intérieurs, l'arête centrale. Couper en fines tranches les pommes de terre et les disposer au fond d'un plat déjà huilé allant au four. Mettre les anchois sur les pommes de terre et les recouvrir de la farce suivante: ail et persil hâchés battus avec les oeufs, un peu de parmesan et la chapelure trempée dans du lait chaud. Cuire au four pour environ une heure et demi.

This dish can be served hot or cold.

400 grams of large fresh anchovies; 2 eggs; parsley; garlic; grated bread crumbs; a pinch of grated parmesan cheese; 2 medium sized potatoes; olive oil; half a glass of milk, salt.

Clean the anchovies, discarding the head and insides and back bone. Slice the potatoes finely and place in a pan greased with olive oil. Open up the anchovies flat and place them on the potatoes and cover with the following stuffing... finely chopped parsley and garlic beaten up with the eggs, the parmesan, and breadcrumbs already soaked in warm milk. Cook in the oven for about 1 hour and a half.

PER IL BIANCO UN CUOCO BIANCO CHE NON E MAI STANCO. Lupati

FORMAGGETTA FRESCA

FROMAGETTE FRAICHE

FRESH CHEESE

È un piatto genuino che va servito insieme agli antipasti. Si può condire con un po' di olio d'oliva e una spruzzata di pepe nero macinato.

Per ottenere 5 formaggette dal peso di circa 400 grammi occorrono 10 litri di latte non pastorizzato. Il latte deve essere portato alla temperatura di circa 30/35 gradi. Si farà rapprendere aggiungendo caglio (che si trova normalmente in farmacia): tanto come 2 capocchie di fiammiferi da cucina. Lasciare riposare per 3/5 ore, quindi, con un mestolo mescolare il latte rappreso e versarlo in uno stampo di legno o di plastica bucherellato. Capovolgere più volte lo stampo per almeno mezz'ora, passare quindi le formaggette ottenute in una fondina, salare e conservare in frigorifero per 48 ore.
Con il siero ottenuto dalle formaggette si farà la ricotta. Mettere il siero sul fuoco, aggiungere un bicchiere di latte e un pizzico di sale. Portare ad ebollizione per 3 volte smorzando il bollore ogni volta con un po' d'acqua. Lasciare raffreddare e scolare quindi in un setaccio molto fine.

C'est un plat simple et naturel qui doit être servi avec les entrées. La fromagette fraiche peut être arrosée d'un peu d'huile d'olive et saupoudrée de poivre noir.

Pour 5 fromagettes d'environ 400 g chacune il faut: 10 l de lait frais non pasteurisé, porté à 30/35°C. Le faire cailler en ajoutant du caillé acheté normalement en pharmacie. Laisser reposer 3 à 5 heures. Mélanger puis verser dans des moules à fromage (en bois ou en pastique). Retourner le plus souvent possible les moules au moins pendant la première demi heure. Enfin, placer chacune des fromagettes ainsi obtenues dans une assiette creuse, saler et mettre au frigo pour 48 h. Avec le petit lait de la fromagette, on fera de la ricotte:

Mettre le petit lait sur le feu, ajouter un verre de lait et une pincée de sel. Porter à ébullition 3 fois étouffant chaque fois le débordement du lait par un peu d'eau. Laisser reposer et égoutter dans une passoire très fine.

To be served with hors d'oeuvres. Olive oil and a little pepper can be added.

10 litres of non-pasteurised milk produces 5 cheeses of about 400 grams each. Heat the milk to about 30-35 degrees. Add 2 pinches of rennet, each about the size of the top of a large match stick. Let it set for 3 to 5 hours. Then stir the milk already set and pour into a wooden bowl or plastic sieve. Turn it over séveral times for at least halfan hour, then with the hands mould the five cheeses, adding salt, and place on a dish and keep in the frigidaire for 48 hours. Ricotta cheese can be made with the whey left over from the cheeses by putting the whey in a pan, adding a glass of milk and a pinch of salt and then heating it, bringing to the boil three times, lowering the boiling point each time by adding a little water. Then cool and strain through a very fine sieve.

Petra
Chérié

per
GIANCU

con
simpatia

ATTILIO
MICHE
LUZZI
1984

TORTA BILBOLBUL

GATEAU BILBOLBUL

BILBOLBUL CAKE

Questa torta prende il nome da un famoso personaggio del Corriere dei Piccoli degli anni '20.

200 grammi di farina , 250 grammi di zucchero, 100 grammi di cacao in polvere, la scorza di un'arancia ed il succo di metà della stessa, un buon pizzico di cannella, 4 grammi di bicarbonato di sodio e 4 grammi di cremor di tartaro (sostituibile da 1/2 bustina di lievito vanigliato) 250 grammi di latte.

Amalgamare tutti gli elementi con un cucchiaio di legno senza lavorare troppo, versare in una teglia unta di burro ed infarinata e cuocere in forno a 160° per una mezz'oretta stando bene attenti che non si asciughi troppo.

Ce gâteau tire son nom d'un célèbre personagge du "Corriere dei Piccoli" (Courrier des Petits) des années 20.

200 g de farine, 250 g de sucre, 100 g de cacao en poudre, le zeste d'une orange et le jus d'une demie d'orange, une bonne pincée de cannelle, 4 g de bicarbonate de sodium, 4 g de crème de tartre (ou 1/2 sachet de levure vanillée), et 250 g de lait.

Amalgamez tous les ingrédients sans trop les travailler avec une cuiller en bois, versez le mélange dans un moule beurré et fariné et faîtes cuire au four à 160° pendant une petite demie-heure en faisant attention qu'il ne dessèche pas.

This cake takes its name from a famous character in the "Corriere dei Piccoli" in the 1920s.

200 grams of flour, 250 grams of sugar, 100 grams of powdered cocoa, the peel of one orange and the juice of half an orange, a good pinch of cinammon, half small pocket of vanilla flavoured yeast or baking powder and 250 grams of milk.

With a wooden spoon gently mix all the ingredients together. Turn into a greased and floured baking tin and bake in an oven at 160° for about half an hour checking that the mixture does'nt get to dry.

TORTA DI NOCI

GATEAU AUX NOIX

WALNUTS CAKE

Dolce prettamente invernale, molto saporito che si sposa con un buon bicchiere di moscato passito.

300 grammi di farina, 200 grammi di burro, 200 grammi di zucchero, 3 uova intere, una manciata generosa di noci, 1 bustina di lievito vanigliato, una manciata di cedro a pezzettini.

Mescolare zucchero e uova aggiungendo in un secondo tempo la farina, il burro sciolto a freddo, le noci, il cedro e per ultimo il lievito.
Mettere in uno stampo da plumcake imburrato ed infarinato e cuocere a 150° per 45 minuti.

Dessert exclusivement hivernal, très savoureux, qui se marie avec un bon verre de Muscat de paille.

300 g de farine, 200 g de beurre, 200 g de sucre, 3 oeufs entiers, une belle poignée de noix, 1 sachet de levure vanillée, une poignée de cédrat en morceaux.

Mélangez le sucre et les oeufs puis ajouter la farine, lo beurre ramolli, les noix, le cédrat et enfin la levure.
Mettez le mélange dans un moule à cake beurré et fariné et faîtes cuire pendant 45 minutes à 150°.

This highly flavoured winter dessert is best appreciated with a glass of fine moscato.

300 grams of flour, 200 grams of butter, 200 grams of sugar, a generous handful of walnuts, a small packet of vanilla flavoured yeast or backing powder, a handful of chopped citron peel.

Mix the sugar and eggs before adding the flour, the cooled welted butter, the walnuts, the chopped citron peel. Mix well and finally add the yeast or baking powder. The walnuts will break up into pieces naturally in the process of mixing.
Put in a greased and floured cake tin and bake in an oven at 150° for 45 minutes.

PANDOLCE GENOVESE

PANDOLCE GENOIS

GENOESE YEAST CAKE

Dolce tipico natalizio, veniva portato in tavola ornato con un ramoscello di ulivo. Si usava farlo tagliare dal più giovane dei commensali, mentre il più vecchio provvedeva ad assegnare le porzioni.

1 chilogrammo di farina; 50 grammi di lievito di birra; 1 bicchiere di marsala; 150 grammi di burro; 250 grammi di zucchero; 1 cucchiaio d'acqua di fior d'arancio; 30 grammi di finocchio in semi; 100 grammi di pinoli; 150 grammi di uvetta; 150 grammi di cedro candito; 100 grammi di arancio candito; poco latte; poco sale.

Impastare il lievito con tanta farina quanta ne assorbe e far lievitare per 12 ore. Impastare con l'altra farina l'acqua di fior d'arancia, il marsala, il burro liquefatto e tutti gli altri ingredienti aggiungendo tanto latte quanto ne serve per una pasta morbida. Formare un pane e porlo a lievitare per altre 12 ore fasciato con un tovagliolo. Effettuare un taglio a triangolo sulla cima del pandolce.
Mettere in forno caldo per un'ora e più.

Gateau typique de Noël, traditionnellement servi avec un brin d'oliver, coupé par le plus jeune et distribué par le plus vieux.

1 kg farine; 50 g de levure de boulanger; 1 verre de marsala; 150 g de beurre; 250 g de sucre; 1 cuillère à soupe d'eau de fleurs d'oranger; 30 g de graines de fenouil; 100 g de pigons; 150 g de raisins sec; 150 g de cedrat confit; 100 g d'ecorce d'orange confite; un peu de lait; un peu de sel.

Mélanger la levure avec autant de farine qu'elle peut absorber et laisser lever pendant 12 heures. Mélanger avec le reste de la farine: l'eau de fleurs d'oranger, le marsala, le beurre fondu, et tout les autres ingrédients en ajoutant autant de lait nécessaire pour obtenir une pâte souple. La mettre en boule et la laisser lever encore 12 heures couvert d'un linge. Puis, faire une incision en triangle sur le haut du gâteau et l'enfourner à four chaud pour environ une heure.

This is the most typical Genoese sweet for Christmas which used to be brought to the table decorated with a twig of olive. It was customary for the youngest member of the company at table to cut the cake while the eldest handed out the portions.

1 kilo of flour; 50 grams of yeast; 1 glass of marsala; 150 grams of butter; 250 grams of sugar; 1 tablespoon of orange flower water; 30 grams of fennel seeds; 100 grams of pine nuts; 150 grams of raisins; 150 grams of candied citron; 100 grams of candied orange; a little milk; a pinch of salt.

Mix the yeast (dissolved in milk) with as much flour as it can absorb and let it stand for 12 hours. With the remaining flour mix the orange flower water, the marsala, the melted butter and all the other ingredients adding as much milk as needed for making a soft dough. When well kneaded shape into a ball and leave to rise for another 12 hours covered with a cloth. Shape into a round cake, making three incisions in the form of a triangle on top, and bake in a hot oven for an hour or more.

PANELLA

Oggi è considerato un dolce, ma un tempo era cibo unico, quanto mai comune, per tutti quei contadini che vivevano nelle montagne tra i boschi di castagno.

600 grammi di farina di castagna; 50 grammi di pinoli; 80 grammi di uvetta; latte quanto basta; olio di oliva extra vergine Rivano; un bicchiere abbondante di marsala; sale.

Diluire la farina con il latte. Preparare una crema evitando di fare grumi. Aggiungere i pinoli e l'uvetta lasciata precedentemente a bagno nel marsala per alcune ore, un pizzico di sale. Ungere un tegame di almeno 40 centimetri di diametro e versarvi il composto. Irrorare altro olio in superficie. Cuocere in forno a calore medio per circa mezz'ora.

Aujourd'hui considéré comme un dessert, bien que dans le temps la panella eût été un plat unique très commun pour tous les paysans qui vivaient dans les montagnes de bois de châtaigniers.

600 g de farine de châtaigne, 50 g de pignons, 80 g de raisins secs, un peu de lait, huile d'olive extra vierge Rivano, un bon verre de Marsala, sel.

Diluer la farine dans un peu de lait. Préparer une crème en faisant attention de ne pas faire de grumeaux. Ajouter les pignons, les raisins secs préalablement trempés, pour quelques heures dans le marsala, une pointe de sel. Huiler un moule d'au moins 40 cms de diamètre et y verser le mélange, l'arroser du reste d'huile sur toute sa surface. Cuire à four moyen pour environ une demi-heure.

Nowadays this is served as a pudding but once upon a time it was the main and only dish for peasants living in the mountains among the chestnut woods.

600 grams of chestnut flour; 50 grams of pine nuts; 80 grams of raisins; a sufficient quantity of milk for mixing; Rivano virgin olive oil extra; a full glass of marsala; salt.

Mix the flour in the milk to produce a cream with no lumps. Add the pine nuts, and the raisins, already soaked for several hours in the marsala, and a pinch of salt. Grease a pan at least 40 cms in diameter with oil and pour in the mixture. Sprinkle more oil over it and bake in a moderate oven for about half an hour.

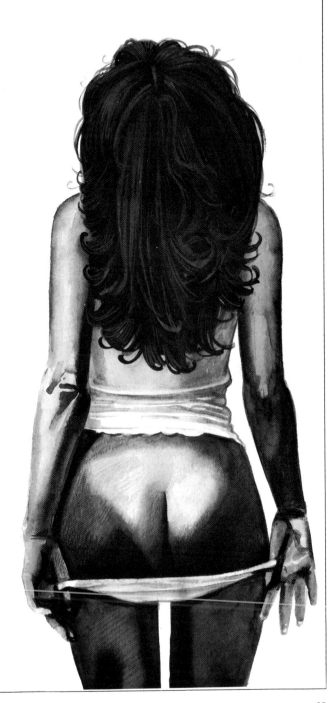

AL CARO AMICO FAUSTO G. COPPOLA

RAVIOLI DOLCI ALLA BOTTARO

RAVIOLI SUCRES A LA BOTTARO

SWEET RAVIOLI À LA BOTTARO

Versione dolce del più caratteristico dei piatti liguri. È particolarmente adatto per le feste di Carnevale.

400 grammi di farina bianca; 200 grammi di burro; 2 tuorli d'uovo; 100 grammi di zucchero; 200 grammi di frutta candita; 1 scorza di arancia; 1 cucchiaio di anisetta; olio di oliva; zucchero a velo; sale.

Con la farina, i tuorli, lo zucchero, il sale e dell'acqua tiepida preparare una pasta morbida. Lasciarla riposare per un'ora. A parte fondere il burro. Stendere la pasta, versare un po' di burro su metà di essa e ripiegarla. Stenderla ancora e ungerla con altro burro. Ripetere questa operazione 6 volte fino a ridurre la pasta ad uno spessore sottile. Tritare i canditi e la scorza d'arancia. Pestare tutto nel mortaio e diluire con l'anisetta. Distribuire il composto a cucchiai su metà sfoglia come nei normali ravioli. Ricoprire e tagliare con la rotella dentata. Friggerli in olio ben caldo. Scolarli e cospargerli di zucchero a velo. Servire ben caldi.

La version sucrée des ravioli est la plus caractéristique des plats Ligures. Ils sont particulièrement préparés pour les fêtes de carnaval.

400 g de farine blanche, 200 g de beurre, 2 jaunes d'oeufs, 100 g de sucre, 200 g de fruits confits, 1 écorse d'orange, 1 cuillère à soupe d'extrait d'anis, huile d'olive, sucre glace, sel.

Avec la farine, les jaunes d'oeufs, le sucre, le sel et un peu d'eau tiède, préparer une pâte souple. La laisser reposer une heure. Faire fondre le beurre à part. Etaler la pâte, y verser un peu de beurre sur une moitié, puis la replier; recommencer l'opération avec le reste du beurre au moins 6 fois jusqu'à obtenir une feuille très fine. Hâcher les fruits confits et l'écorse d'orange. Piler au mortier en diluant avec l'extrait d'anis. Former avec cette farce les ravioli en distribuant comme pour des ravioli de viande, un peu de farce sur la moitié de la feuille de pâte, puis en repliant la feuille et en les taillant avec la roulette. Les ravioli ainsi formés seront frits dans l'huile bien chaude. Les égoutter et saupoudrer de sucre glacé. Les servir bien chaud.

This is a sweet version of one of the most typical Ligurian dishes, and is served especially at Carnival festivities.

400 grams of white flour; 200 grams of butter; 2 egg yolks; 100 grams of sugar; 200 grams of candied fruit; the peel of 1 orange; a tablespoon of anisette; olive oil; castor sugar; salt.

Cream together the flour, egg yolks, sugar, salt and some warm water to a soft dough consistency. Let it stand for 1 hour. Have ready melted butter. Spread out the dough and pour melted butter over half of it and fold it over. Roll it out again and cover half with more melted butter. Fold over. Repeat this process 6 times until the pastry or dough is very thin. Chop the candied fruit and orange peel. Pound it in the mortar and dilute it with anisette.
Place this filling in spoonfuls on half of the pastry. Cover with the other half and then cut it up into squares with a pastry wheel, keeping the filling in the centre of each.Fry in very hot oil. Drain well and sprinkle with castor sugar. Serve hot.

FRITTELLE DI MELE

BEIGNETS AUX POMMES

APPLE FRITTERS

Da servire a fine pasto insieme al dessert.

300 grammi di farina; 3 mele; 1 bustina di lievito da dolci; 2 bicchieri di latte; sale.

Mescolate la farina ed il latte fino a ottenere una pastella piuttosto liquida che deve cade-re lentamente dal cucchiaio; aggiungete un pizzico di sale, il lievito e immergete fette di mele tagliate grossolanamente. Con un cucchiaio prendete le fette avvolte nella pastella e friggetele in abbondante olio. Servitele molto calde.

A servir à la fin du repas avec les désserts.

300 g de farine, 3 pommes, un paquet de levure chimique, 2 verres de lait, sel.

Mélanger la farine et le lait afin d'obtenir une pâte plutôt liquide, qui coule lentement sur le dos de la cuillére. Ajouter une pincée de sel et la levure chimique; immerger les tranches de pommes coupées grossièrement, les frire dans beaucoup d'huile très chaude.

To be served at the end of a meal with the dessert.

300 grams of flour; 3 apples; a small packet of baking powder; 2 glasses of milk; salt.

Mix the flour and milk to a rather liquid batter which should drip slowly from a spoon. Add a pinch of salt, the baking powder, and dip thick slices of apple into the mixture. Lift the pieces of apple covered in batter with a spoon and fry them in plenty of oil. Serve very hot.

"YOU SURE LOOK PRETTY WHEN YOU'RE BAKIN' COOKIES."

© Frollo - Art by LEONE FROLLO

Cover: Art by Luciano Bottaro.
Mickey Mouse & Uncle Scrooge © Walt Disney Productions; Beetle Bailey, Popeye & Hagar © King Features Syndicate; Andy Capp © Daily Mirror; Snoopy © United Features Syndicate; Pugacioff © G. Rebuffi; Pon Pon © Epipress; Gaston Lagaffe © Editions Dupuis & Franquin.

Back Cover: Art by Luciano Bottaro. © Epipress.
English: translations by Evelyn Thomas Paczosa
Français: traductions par Michèle Ronco

Cucina e Fumetti - A cura di Carlo Chendi

Ogni Volta Che Cucino
© 1999 Fausto Oneto

Edizione e stampa: Le Mani **Comics**
Microart's Edizioni, via dei Fieschi 1 - 16036 Recco
ISBN 88-8012-066-2

In questa collana:

Fausto Oneto
Fantasia d'Erbe in Cucina

Fausto Oneto
Il Grembiule a Fumetti

Le ricette, les recettes, the recipes, die rezepten

FAUSTO ONETO

OGNI VOLTA CHE CUCINO...

Le Mani Comics

Le ricette, les recettes, the recipes, die rezepten

FAUSTO ONETO
FANTASIA D'ERBE
IN CUCINA

Le Mani Comics

Le ricette, les recettes, the recipes, die rezepten